Das letzte Hemd ist bunt

Fritz Roth, geb. 1949, arbeitete als Unternehmensberater, bevor er Trauerbegleiter wurde und ein Bestattungshaus in Bergisch Gladbach übernahm. Der »Pionier des deutschen Bestattungswesens« gilt vielen Kollegen zugleich als *Enfant terrible* der Branche. Er gründete den ersten und einzigen Privatfriedhof Deutschlands. Zehntausende Manager, Theologen, Mediziner und Jugendliche besuchen jährlich sein »Haus der menschlichen Begleitung«. Der Autor mehrerer Bücher zum Thema Trauer erklärte den Tod für die *Sendung mit der Maus* und ist ein gefragter Redner.

Teil II

6 Der Trauer eine Heimat geben 63
   Ein Ort der Begegnung 63
   Ein Trauerritual ist wie ein Bilderrahmen 66
   Trauer braucht Vertrautheit 69
   Sich Zeit nehmen zum Trauern 74

7 Der Tod und die Liebe 78
   Was Sterbehemd und Brautkleid gemein haben 78
   Abschied als Anfang einer neuen Verbundenheit 82
   Geteilte Erinnerungen 84
   Trauerzeit ist Lebenszeit 87

8 Jeder Abschied ist einzigartig 90
   Individuelle Gestaltung statt Pomp 90
   Kreativer Ungehorsam 93
   Trauer ist ein Reifeprozess 96

9 Verwandlungen 100
   Lebendigkeit ist unsterblich 100
   Zeit für die großen Fragen 102

Teil III

10 Der Tod als Lehrmeister 107
   Die a-mortale Gesellschaft 107
   Vom Wert der Bindung 109
   Leben in der Gegenwart 111
   Unendliche Erwartungen 111
   Verluste akzeptieren 113
   Die Angst vor dem Alter 114
   Grenzen der Kontrolle 114

Inhalt

Vorwort 11

Teil I

1 **Der fremde Tod** 19
  »Outsourcing« des Sterbens 19
  Die enteigneten Toten 22
  Hilflose Trauer 25

2 **Die stille Revolte** 28
  Vom Unbehagen zum Ungehorsam 28
  Individuelle Freiheit und ihre Grenzen 30
  Krisen in Perspektiven wandeln 32

3 **Gemeinsam einsam** 34
  Der Tod »in Nahaufnahme« 34
  Kult und Kultur des Sterbens 35
  Wir konsumieren uns zu Tode 37
  Moderne Gesellschaft – moderne Ängste 43

4 **Memento mori: ein Blick zurück** 47
  Die Bedeutung von Totenritualen in der Geschichte 47
  Das Individuum und das kollektive Gedenken 49
  Der Tod als Weltverbesserer 51

5 **Den Tod neu denken** 55
  Ungewissheiten aushalten 55
  Trauer-Power: Die Kraft der Trauer 56

Ich habe keine Angst vor dem Tod,
ich möchte nur nicht dabei sein, wenn's passiert.

Woody Allen

Unter Mitarbeit von Karin Beiküfner

ISBN 978-3-593-39476-3

Das Werk einschließlich aller seiner Teile ist urheberrechtlich geschützt.
Jede Verwertung ist ohne Zustimmung des Verlags unzulässig. Das gilt
insbesondere für Vervielfältigungen, Übersetzungen, Mikroverfilmungen
und die Einspeicherung und Verarbeitung in elektronischen Systemen.
Copyright © 2011 Campus Verlag GmbH, Frankfurt am Main.
Umschlaggestaltung: total italic, amsterdam – berlin
Umschlagmotiv: total italic, amsterdam – berlin
Satz: Campus Verlag GmbH, Frankfurt am Main
Gesetzt aus der Minion und der Thesis TheSans
Druck und Bindung: Beltz Druckpartner GmbH, Hemsbach
Printed in Germany

Dieses Buch ist auch als E-Book erschienen.
www.campus.de

Fritz Roth

DAS LETZTE HEMD IST BUNT

**Die neue Freiheit
in der Sterbekultur**

Campus Verlag
Frankfurt/New York

11 **Krise und Aufbruch** 117
   Krisenbewältigung als Lebenskompetenz 117
   Die Unvorhersehbarkeit von Krisen 120

12 **Verdrängte Verluste** 123
   Königsdisziplin Change Management 123
   Der Aufstand des Individuums 125
   Der Preis der Flexibilität 126
   Die Kehrseite der Veränderungen 128
   Überlebenden-Depression 130

13 **Der Tod und sein Preis** 133
   Die Kosten-Nutzen-Brille 133
   Friedhofszwang versus Vielfalt 135
   Die TrauerOase 136

14 **Der letzte Wille (Sterben und sterben lassen)** 137
   Hilfe für die Hinterbliebenen 137
   Selbstbestimmung am Ende des Lebens 138

Teil IV

15 **Aus dem Schatten der Trauer** 145
   Die guten Ratschläge der anderen 145
   Credo ergo sum 146
   Die Bedeutung von Trauergruppen 149
   Wer macht den ersten Schritt? 151
   Berufsvorbereitung für Trauerbegleiter 152
   Der Tod kommt immer unerwartet.
   Über Selbstverständlichkeiten und Tabus 153

16 **Individuelle Abschiede** 155
   Der Tod hat viele Farben 155
   Fünf Tage Abschied 156

Das eigene Hemd		157
Ein Fest für Horst		158
Reisebegleiter		159
Ahnengalerie		161
Ein Stein als Skulptur		161
Fußball für immer		162
Digitale Ewigkeit		163
Der letzte Tag – und ein Koffer		164
Ein handbemalter Sarg		165
Darf man erleichtert sein, wenn jemand stirbt?		166
Wenn Kinder trauern		168
17	**Traueralltag am Arbeitsplatz**	**171**
	Funktionieren um jeden Preis	171
	Verantwortung der Unternehmen – auch im eigenen Interesse	172
18	**Fazit – Der Tod gehört ins Leben**	**175**
	Leseempfehlungen	184
	Weitere Quellen und Artikel	188

Vorwort

Eine stille Revolte ist im Gang gegen die Vorschriften und Verordnungen zur Sterbekultur. Noch regieren Technik, Konventionen und Standards dort, wo wir selbst nicht steuern und gestalten können oder wollen. Der Tod wird, wie so vieles, »hergestellt«. Dabei brauchen wir viel mehr Auseinandersetzung und Nähe, damit wir die Realität des Todes erfahren können. Denn eines ist gewiss: Entgehen werden wir dem Tod und der Erfahrung, Abschied nehmen zu müssen, nicht.

Vor nicht allzu langer Zeit lag in unseren Wäscheschränken das Totenhemd obenauf. Die Botschaft war klar: Mensch, bedenke, dass Du sterblich bist – memento mori. Die allermeisten unserer Zeitgenossen wussten mit diesem Satz jahrzehntelang nichts mehr anzufangen. Ich bin sicher: Das ist – wenn nicht Ursache – dann doch zumindest Ausdruck vieler krisenhafter Zuspitzungen, die uns heute beunruhigen.

»Wer bremst, verliert«: Viel zu lange galten die Mantren eines auf messbare Leistungsfähigkeit reduzierten Menschenbildes außerhalb religiöser oder esoterisch geprägter Kreise als alternativlos. Zu viel Nachdenklichkeit war etwas für Spaßbremsen und Warmduscher, der Tod fand in Hollywood statt und in den Nachrichten. Das eigene Ende war kein Thema, bevor es nicht in greifbare Nähe rückte – und selbst dann nicht immer.

So viel Ignoranz hat unterschiedlichste, weit unterschätzte Folgen. Den beiden wichtigsten möchte dieses Buch entgegenwirken: Der Not der Hinterbliebenen und dem Niedergang der gerade heute wichtigen Kultur der Bewältigung von Verlusten.

*

Trauer braucht eine Heimat. Trauernde brauchen in besonderem Maß die Gewissheit des Geborgen- und Akzeptiertseins, um die erforderliche Ruhe für einen konstruktiven Trauerprozess zu finden. Diese Heimat boten bis vor nicht allzu langer Zeit traditionelle Gemeinschaften: Familie, Nachbarschaft und Gemeinde. Doch sie sind auf dem Rückzug. Und unsere gesellschaftlichen Institutionen springen nicht in die Bresche, sondern vernachlässigen ihre Fürsorgepflicht.

Der Tod braucht einen Platz im Leben. Die Ausgrenzung von Sterben und Tod hindert Hinterbliebene am bewussten Umgang damit und trägt so die Hauptschuld an individuellen und gesellschaftlichen Folgeschäden. *Fix it, sell it or close it*, sagt die Management-Ikone Jack Welch: Jede starrsinnig auf Wachstum fixierte Gesellschaft verdrängt Verlusterfahrungen. Wer nicht (mehr) leistet, passt nicht ins System und wird an den Rand gedrängt.

Doch selbst aus kühler, rein betriebs- oder volkswirtschaftlicher Sicht ergibt eine solche Maxime keinen Sinn. Denn ein bewusst gelebter Trauerprozess verläuft erheblich schneller und konstruktiver und schafft so die schnellstmögliche Reintegration Hinterbliebener in die Wertschöpfungskette. Weil aber die Gesellschaft wegsieht, bezahlt die Volkswirtschaft. Etwa 800 000 Menschen sterben in Deutschland jährlich. Nimmt man an, dass jeder von ihnen nur fünf trauernde Ehepartner, Kinder, Freunde hinterlässt, dann sind das jährlich vier Millionen Betroffene. Darunter unzählige Arbeitnehmer, die nur bedingt leistungsfähig sind, Patienten, die Therapie oder Psychopharmaka benötigen. Die sprunghaft ansteigenden Fallzahlen Depressiver und Burnout-Betroffener sind in aller Munde. Ich bin überzeugt, dass verdrängte Trauer einen weit unterschätzten Anteil an diesen Phänomenen hat. Nicht nur, weil wir unfähig geworden sind, Trauernden zur Seite zu stehen. Sondern auch, weil wir selbst die enorm wichtigen und lehrreichen Erfahrungen bewussten Trauerns nicht zur Entwicklung unserer Persönlichkeit nutzen.

Die fundamentale Verlusterfahrung beim Tod eines nahestehenden Menschen lehrt – wenn sie angenommen und bewusst verarbeitet wird – den richtigen Umgang mit Brüchen anderer Art: Scheidungen, Job-

und andere wirtschaftliche Verluste werden weniger fatal empfunden und besser verarbeitet. Die gesellschaftliche Verdrängung der Trauer bereitet den Boden für irrational-fatalistische lähmende Grundstimmungen, wie sie – auch infolge der medialen Herausstellung negativer Nachrichten – immer wieder zu beobachten sind.

*

Der Tod erklärt das Leben. Allerorten wird ein Verfall der Werte als Ursache vieler gesellschaftlicher Probleme beklagt. Voraussetzung für einen angemessenen Umgang miteinander ist Wertschätzung; der höchste Wert ist dabei das Leben. Den Wert des Lebens spürt nur, wer den Tod kennt. Denn wir brauchen immer Relationen, um bewerten zu können. Wer einmal die Präsenz des Todes begriffen hat, weiß sofort, was Respekt bedeutet. Wem diese Erfahrung verwehrt wird, gebühren mildernde Umstände bei der Beurteilung gesellschaftlichen Fehlverhaltens.

Unsere gesellschaftlichen Institutionen aber tragen nicht nur durch Unterschätzung und Ignoranz zur Verschärfung solcher Problematiken bei. Die in vielen Bundesländern regressive Gesetzeslage zum Thema Tod und Trauer beschränkt darüber hinaus die im Grundgesetz verankerten Rechte auf freie Entfaltung der Persönlichkeit und Religionsfreiheit. Sargzwang und Friedhofsordnungen bevormunden die Menschen in wichtigen Bereichen, ohne dass ein ausreichend begründetes übergeordnetes öffentliches Interesse vorläge. Und sie nehmen uns damit vielfach die für einen konstruktiven Trauerprozess so wichtige Möglichkeit zu als angemessen empfundener Abschiednahme und Gedenken.

Am Ende werden Trauernde zu Kranken, weil die Menschen nicht mehr wissen, wie ihnen zu begegnen ist. Der Trend zu anonymen Bestattungen betrügt Hinterbliebene um den wichtigen Ort der Erinnerung.

Die Verdrängung des Todes aus dem Leben erzeugt in uns die Illusion von Unsterblichkeit – und raubt uns damit das Bewusstsein für den unschätzbaren Wert jeden Tages. Mehr noch: Wenn doch die wichtigste Ressource von allen – das Leben – unendlich scheint, wer erfasst dann noch die Bedeutung eines achtsamen Umgangs mit Ressourcen insgesamt? Ich bin überzeugt: Ohne memento mori muss jede Wertediskussion ins Leere laufen.

*

Es gibt auch eine gute Nachricht: Sie halten dieses Buch in Händen. Damit sind Sie Teil einer wachsenden Minderheit, die entscheidende Fragen neu stellt. Und unter dem Eindruck des offensichtlichen Ungenügens der alten Antworten zu neuen Schlussfolgerungen kommt.

Vielleicht sind Sie in Trauer oder bereiten sich auf einen bevorstehenden Verlust vor. Dann wird dieses Buch Sie ermutigen: Stellen Sie sich den Fragen, die der Tod aufwirft: Wie hätte ich mir die Sterbestunde gewünscht? Was hätte ich gern gesagt und getan? Welche Form der Bestattung hätte mir wirklich gut getan? Wie finde ich den Mut, mich über vorgebliche Gegebenheiten und Konventionen hinwegzusetzen? Das Buch wird Ihnen helfen, Trauern als konstruktive Kraft begreifen zu lernen. Wie können wir mit Trauer leben? Können wir überhaupt damit leben? Müssen wir uns wirklich bemühen, so schnell wie möglich mit dem Trauern fertig zu werden, damit wir dann endlich »wieder« leben können?

Oder ist es nicht eher umgekehrt: Dass wir aus der Fähigkeit zu trauern viele Kräfte gewinnen, die unsere Leben bereichern. Ich möchte verhindern helfen, dass Sie gegen Ihre eigentlichen Bedürfnisse doch zu den vorgegebenen, leeren Ritualen greifen. Indem Sie das, was Sie beunruhigen könnte, dieses Mal zu Ende zu denken. Damit Sie Trauer als wertvolle Phase der Veränderung erfahren. Ich möchte Ihnen zeigen, wie viel Sie vom Tod, von Trauer für die Bewältigung von Lebenskrisen gewinnen können.

Vielleicht sind Sie auf der Suche nach Gründen für ganz offensichtlich Widersinniges, das sich dennoch täglich wiederholt. Sie fragen nach der Ursache für mutlose Weichenstellungen zulasten künftiger Generationen, für milchmädchenhaftes Missmanagement in Konzernen, allzu leichtfertigen Umgang mit Ressourcen? Dann wird dieses Buch Ihnen Denkanstöße und konkrete Hinweise darauf geben, wie uns das ganz reale Begreifen des Todes als absolute Grenze und der bewusste Umgang mit Trauer dabei helfen können, bessere Prioritäten zu setzen und vernünftiger zu agieren.

Es geht mir darum, uns Tod und Trauer wieder zueigen zu machen, in den eigenen Lebens- und Handlungshorizont zu integrieren, anstatt sie an Experten zu delegieren. Für die Wiederentdeckung unserer Kultur des Sterbens und Trauerns müssen wir selbst die Verantwortung übernehmen – besser heute als morgen. Denn das letzte Hemd ist bunt. Nur Mut – wir haben viel zu gewinnen!

Teil I

1
Der fremde Tod

»Outsourcing« des Sterbens

Sonntagabend, kurz nach acht. Ein Arm ragt aus dem Gebüsch, getrocknetes Blut. »Können Sie schon etwas über den Todeszeitpunkt sagen?« »Gestern abend zwischen acht und zehn, Genaueres nach der Obduktion.« Die Kommissare stapfen zu ihrem Wagen – der *Tatort* im Ersten beginnt. Das ist der Tod, wie wir ihn kennen. Allabendlich wird in Deutschland gestorben, allabendlich begegnen wir dem Tod als Verbrechen, für das es einen Schuldigen gibt. Diesen Tod werden die wenigsten sterben. Doch der Tod, wie ihn heute immer mehr Menschen erleben, hat durchaus Gemeinsamkeiten mit dem Fernsehkrimi: Das Ende des Lebens ist zur Kampfzone geworden. Zu einem Kampf, den wir immer seltener selbst kämpfen, bei dem die Regie in fremden Händen liegt.

»Als ich ihn zum letzten Mal durch die Glasscheiben eines aseptischen Zimmers sah und mich ihm nur mit Hilfe einer Sprechanlage verständlich machen konnte, lag er auf einem Rollbett, mit zwei Inhalationsschläuchen in den Nasenlöchern, mit einem Atmungsschlauch im Mund, mit irgendeinem Apparat zur Herzmassage, den einen Arm an eine Perfusions-, den anderen an eine Transfusionsverbindung angeschlossen und am Bein den Anschluss für die künstliche Niere … Da sah ich, dass Pater de Dainville die festgeschnürten Arme befreite und sich die Atemmaske abriss. Er sagte mir – und das waren, glaube ich, seine letzten Worte, bevor er im Koma versank: ›Ich werde um meinen Tod betrogen.‹« Diese Szene, die der Historiker Philippe Ariès in seinen *Studien zur Geschichte des Todes im Abendland* beschreibt, ist für viele

Menschen ein Schreckensszenario. Bis heute wünschen sich die meisten Menschen, zu Hause zu sterben, im Kreis der Familie, möglichst schmerzfrei und schnell. Fast genauso viele Menschen sterben anderswo, im Krankenhaus oder Pflegeheim und – viel zu selten – im Hospiz. Und sie sterben wie Pater de Dainville: einen enteigneten Tod.

Zwei innere Bilder stehen sich heute gegenüber: das Ideal vom »natürlichen Tod«, bei dem man sanft entschlummert, am liebsten zu Hause im Kreis der Lieben, und das medizinische Horrorszenario vom einsamen Sterben auf der Intensivstation. Fast jeder möchte daheim sterben, aber nur jedem Vierten ist dies vergönnt; mehr als die Hälfte der Sterbenden beenden ihr Leben in einem Krankenhaus, ein Viertel in einem Alten- oder Pflegeheim. Die meisten Menschen sterben heute in einer Institution, auch wenn sie wie 70 Prozent aller Pflegebedürftigen in Deutschland zuvor von Angehörigen mit Unterstützung ambulanter Fachkräfte gepflegt wurden. Nicht nur für Deutschland, sondern für nahezu alle industrialisierten Regionen der Welt gilt: Die Professionalisierung des Umgangs mit Krankheit, Leiden und Sterben hat dazu beigetragen, dass der Tod aus unserer Alltagserfahrung verschwunden ist.

Nach der Definition des amerikanischen Soziologen Robert K. Merton ist die Medizin eine Institution, von der Gesellschaft geschaffen, um ihre Mitglieder von der Beunruhigung durch Krankheit und Sterben zu entlasten. Sie verbirgt den Anblick des Sterbenden hinter ihren Mauern und gibt die Beschäftigung mit dem Problem an Experten ab, die ihrerseits Mittel und Wege finden, sich das Thema vom Leibe zu halten: »Das Entsetzen darüber, dass ein Mensch sich im Sterben in einen bloßen Körper verwandelt, kann ferngehalten werden, wenn man sich von Anfang an nur für den Körper interessiert«, merkt der schwedische Psychiater Per Christian Jersild an.

In manchen Rettungsleitstellen, berichtet der Intensivmediziner Michael de Ridder, kommt mittlerweile die Hälfte aller Einweisungen aus Pflegeheimen. Niemand möchte sich einer Unterlassung schuldig machen, weder Pflegekräften noch Angehörigen noch Ärzten ist die schwierige Entscheidung zuzumuten, ob es sich womöglich noch um eine behandelbare Krankheit handelt, wenn ein Hochbetagter eine Herzschwäche oder eine Lungenentzündung erleidet – beides noch vor wenigen Jahrzehnten als »natürliche Todesursachen« angesehen – oder um ein »natürliches Sterben«.

Mittlerweile hat man den Einsatz medizinischer Intensivmaßnahmen sowohl auf chronisch kranke Menschen ausgeweitet als auch auf Menschen, die an den Grenzen ihres Lebens angekommen sind. Kaum jemand stirbt ohne Infusion oder künstliche Ernährung: »Im Extremfall schockt man jemanden mit einem Tumor im Endstadium ins Leben zurück«, stellt de Ridder fest. Rund 100 000 Menschen in Deutschland leben mit einer PEG-Sonde, obwohl zahlreiche Studien belegen, dass die PEG in der Endphase des Lebens weder das Leben verlängert noch die Lebensqualität verbessert. Einfach so zu sterben ist nicht mehr vorgesehen. Der Tod wird, wie so vieles, »hergestellt«.

Noch vor wenigen Jahrzehnten wäre kaum jemand auf die Idee gekommen, den Rettungswagen zu rufen, wenn die Großmutter über Tage hinweg stiller wurde, weniger Appetit hatte und oft auch ahnte, dass es »zu Ende« ging. Kaum einer würde es heute wagen, solche Signale als Beginn eines Sterbens zu deuten. Nur noch in den wenigsten Familien leben mehrere Generationen zusammen und können so Erfahrungen mit Altern, Sterben und Tod machen.

Dort, wo die Traditionen schwächer werden, entstehen Freiräume, die zur Entscheidung auffordern. In der Frage, wann Leben endet und Sterben beginnt, verlassen wir uns seit langem auf medizinische Definitionen; in der Frage, wie wir mit den Toten umgehen, rücken ökonomische Aspekte in den Vordergrund. Was wir erleben, ist eine Enteignung: Technik, Konventionen und Standards regieren dort, wo wir nicht (mehr) steuern und gestalten können und wollen. Die modernen, westlichen Gesellschaften tun so, als müssten – als könnten! – sie Tod und (individuelles) Leid aus der Welt schaffen.

Der faustische Ausruf »Zwei Seelen, ach, wohnen in meiner Brust« bringt das Verhältnis der Deutschen zu Tod und Sterben auf den Punkt: Der Normalfall eines langsamen, medikalisierten Sterbens im Krankenhaus wird, wenn es um den eigenen Vater oder die Mutter geht, fast immer klaglos akzeptiert. Den eigenen Tod wollen sich die wenigsten so vorstellen, wenn man die Diskussionen um Patientenverfügungen und ein »Sterben in Würde« ernst nimmt. Für viele stellt sich die Frage, was wir verloren haben, seit es möglich ist, das Lebensende medizintechnisch immer länger hinauszuzögern.

Innerhalb nur einer Generation ist der reale Tod aus unserer Alltagserfahrung verschwunden. Die meisten Jugendlichen haben zwar schon Tausende sterben sehen – allerdings nur auf der Leinwand. Einen echten toten Körper haben die wenigsten schon einmal gesehen. Die Großmutter stirbt im Pflegeheim oder in der Klinik. Sie wird vom Bestatter abgeholt, der uns manchmal Gelegenheit gibt, sie vor der Einäscherung noch einmal zu sehen. So sehr wir im Leben auf Individualität Wert legen, so selten fordern wir als Angehörige im Umgang mit »unseren« Toten, mit unserer Trauer, dieses Recht ein. Die Ausgrenzung des Sterbens aus der Alltagserfahrung, die Auslagerung und Enteignung des Todes findet im Umgang mit den Toten einen nahtlosen Anschluss.

Die enteigneten Toten

Sobald ein Arzt den Totenschein ausgestellt hat, setzen sich die professionalisierten Abläufe unter der Regie des Bestattungsunternehmens fort. Gesetzlichen Vorschriften entsprechend dürfen höchstens zwei Tage vergehen, bis der Verstorbene »in einer dafür vorgesehenen Einrichtung« ordnungsgemäß aufbewahrt und für die Bestattung vorbereitet wird. Die Fragen, die zu beantworten sind – Art der Bestattung, Sargmodell und -ausstattung, Kleidung des Toten, Zeit und Ort der Trauerfeier – geben die in Deutschland erlaubten Bestattungsformen vor. Den meisten Hinterbliebenen bleibt nur die Zuschauerrolle. Vom Waschen und Kleiden des Toten bis zur Trauerfeier beschränken sich ihre Aktivitäten auf Wahlentscheidungen. Zwar ist dies nirgendwo vorgeschrieben, doch die wenigsten wissen, welche Handlungsspielräume sie haben – und noch weniger entschließen sich, diese tatsächlich zu nutzen. So wie wir einen All-inclusive-Urlaub buchen, können wir uns auch für eine All-inclusive-Bestattung entscheiden. Der Begegnung mit dem verstorbenen Bruder oder Vater, der Freundin oder dem eigenen Kind, gehen viele aus dem Weg. »Behalten Sie ihn so in Erinnerung, wie Sie ihn gekannt haben.« So und ähnlich lauten die Ratschläge, die in solchen Lebenssituationen aber oft mehr Schläge als Rat sind.

Wir haben gelernt, zu delegieren, uns auf Experten zu verlassen und Probleme »mental zu verarbeiten«. Doch um die Realität des Todes zu begreifen, bedarf es konkreter Erfahrung und auch der konkreten Begegnung mit dem Toten. Man sollte ihn sehen, fühlen, mit den Sinnen erfassen. Wir brauchen den Anblick der Verstorbenen, doch wir begnügen uns heute beim Abschied von einem vertrauten Menschen mit dem Anblick des blumengeschmückten Sargs oder einer Urne.

Eine normale Trauerfeier in einer deutschen Großstadt dauert kaum länger als eine halbe Stunde und findet in immer kleinerem Kreis statt, wie an den Todesanzeigen abzulesen ist: »In aller Stille wurde beigesetzt ...«. Die Selbstverständlichkeit, mit der Nachbarschaften benachrichtigt werden und für den gemeinsamen Kranz sammeln, nahe Angehörige oder Freunde das Tragen des Sarges übernehmen, ist schon lange verloren gegangen. Vom häuslichen Aufbahren des Verstorbenen bis zu den Trauerzügen, die durchs Dorf führten, sind viele Rituale verblasst, die dem Tod einen Platz in der Alltagserfahrung gaben. Die Sicherheit, mit der wir wissen, was zu tun ist, wenn ein Kind geboren wird – Glückwünsche, Hilfsangebote – fehlt, wenn ein Mensch gestorben ist. Rituale wie das Tragen schwarzer Trauerkleidung, das Verschicken oder Überreichen von Beileidskarten, die Beileidsbezeugung am Grab und das Kaffeetrinken nach der Bestattung werden oft als inhaltsleere Konventionen empfunden. Sie wirken verunsichernd auf viele Trauernde, weil sie sich mit ihren Gefühlen und Bedürfnissen in ein Korsett gezwängt fühlen, das ihnen nicht passt.

Der Tod und die Toten sind aus unserer Mitte verschwunden wie die Dorffriedhöfe aus den Vororten der Großstädte, die Gemüsegärten und Wochenmärkte. Längst sind Leichenwagen nicht mehr als solche zu erkennen, längst sind die Friedhöfe an die Ränder der Städte gewandert und zu Orten geworden, mit denen die meisten von uns nicht mehr viel anfangen können. Die klassische Grabstelle als letzte Ruhestätte ist zum Auslaufmodell geworden: »Wer soll das pflegen?«, »Wer hat Zeit, dorthin zu gehen?«, fragen sich viele. Und verschweigen, dass ihnen auch das »Wozu?« abhanden gekommen ist.

Kosten-Nutzen-Abwägungen und Zeitknappheit machen auch vor dem Tod nicht Halt. Eine wachsende Zahl von Menschen verfügen testamentarisch, dass ihre Asche nicht in einer identifizierbaren Grabstelle beigesetzt werden soll, sondern ohne Namensnennung oder sonstige Identitätskennzeichen auf einem zumeist als Wiese oder sonstige Naturlandschaft gestalteten Urnenfeld.

Auf welche Weise wir unsere Angehörigen bestatten lassen, ist auch eine ökonomische Frage. Immer häufiger gilt: möglichst rasch und möglichst günstig. Das Sterbegeld zählt seit 2004 nicht mehr zu den Leistungen der gesetzlichen Krankenkassen. Seit Jahren wächst der Anteil der Feuerbestattungen, gegenüber der klassischen Beerdigung eine kostengünstigere und pflegeleichtere Alternative. Rund 13 Milliarden Euro pro Jahr werden in Deutschland für Bestattungen ausgegeben; Heute teilen sich 4 500 Betriebe den Markt, noch 1980 waren es knapp halb so viele. Für eine Standardbeerdigung liegt der Preis bei rund 4 000 Euro. Inzwischen werben Betriebe mit »Niedrigpreisen«, die unter 1 000 Euro liegen, und es gibt All-inclusive-Angebote, die von der Traueranzeige bis zur Gestaltung der Trauerfeier die komplette Palette der Dienstleistungen umfassen. Aber wo enden die Kosten einer Bestattung? Sind sie mit der Beerdigung beglichen oder setzen sie sich fort, wenn ein Betroffener noch Jahre lang medizinisch behandelt werden muss, weil er mit dem Tod seines Kindes nicht fertig wird?

Die Kosten der persönlichen und gemeinschaftlichen Verdrängung des Todes, des Sterbens, werden spätestens dann sichtbar, wenn der Tod uns nicht mehr als abstraktes Thema begegnet, sondern persönlich trifft. Wenn mit dem Tod eines nahestehenden Menschen oder der ärztlichen Diagnose einer unheilbaren Krankheit der Tod einbricht ins eigene Leben. Plötzlich wird klar, dass die Distanz, die wir zum Tod und Sterben kulturell geschaffen haben, umso verwundbarer macht. So wenig wir wissen, welches unser letzter Tag sein wird, so wenig können wir wissen, ob der Tod uns nicht schon morgen, übermorgen, nächste Woche einen uns nahestehenden Menschen nimmt. Wir können den Gedanken an Sterben und Tod aus dem Alltag verdrängen; entgehen werden wir Tod, Abschied und Trauer dadurch nicht.

Hilflose Trauer

Wie Sterben als Krankheit definiert wird, so gilt Trauer in unserer Gesellschaft als eine leidvolle Phase, die es möglichst rasch zu »überwinden« gilt. Trauer ist eine universelle Erfahrung, die jeder individuell und auf seine Weise erlebt. Was Trauer für uns ist, wie wir sie empfinden und ausdrücken, hat etwas mit der Zeit zu tun, in der wir leben: welche Traditionen und Freiheiten sie bietet, welche wissenschaftlichen Theorien für gültig gehalten werden. Es gibt keine verbindlichen Regeln mehr wie einst das Trauerjahr. Heute gilt »Trauerarbeit« als Bewältigung einer Krise, vergleichbar einem Krankheitsverlauf. Und wie dieser ist die Trauer ein durch und durch individueller Prozess – auch in seiner Kehrseite: Viele Betroffene machen die Erfahrung, dass sie mit ihrer Trauer allein sind, dass Kollegen, Nachbarn, selbst Freunde sich zurückziehen.

»Was soll ich denn sagen? Lieber sage ich gar nichts, bevor ich etwas falsch mache.« Es ist kein Zufall, dass uns bei der Nachricht vom Tod eines Kollegen, eines Verwandten, eines Freundes oft die Worte fehlen. Was sagt man den Hinterbliebenen? Wie geht man mit der Situation um? Auch die professionellen Kräfte, die in ihrer Arbeit im Krankenhaus oder Pflegeheim, bei der Polizei oder in der Seelsorge Trauernden beggnen, fühlen sich oft hilflos; sie würden gern etwas tun, wissen aber nicht was.

*

Wir verstecken die Toten und die Sterbenden und wissen nicht, wie wir Trauernden beggnen sollen. Diese Unsicherheit im Umgang mit ihnen verhindert, dass wir sie unterstützen können. Die Leistungsgesellschaft hat wenig Verständnis für diejenigen, die – aus welchen Gründen auch immer – den Anforderungen des Alltags plötzlich nicht mehr genügen. Trauer, Rückzug und Verlusterfahrungen werden als Defizit, als Ausnahmezustand und Abweichung von der Norm wahrgenommen – und sie werden eher mit Ausgrenzung als mit Zuwendung beantwortet.

Trauer ist etwas Intimes geworden, in das sich Fremde nicht einzumischen haben, über das man vielleicht mit dem Arzt spricht, aber nicht mit der Nachbarin oder dem Arbeitskollegen. Mit der Trauer über den Verlust eines nahestehenden Menschen zu leben ist daher oft eine einsame Sache. »Da muss ich alleine durch«, ist für viele Trauernde das Motto der Stunde.

Wir verdrängen das Sterben und wir verdrängen Trauer, Leiden, Abschiednehmen. Über Tod und Bestattung wird in den meistens Familien nicht gesprochen. Nur noch 30 Prozent der Deutschen haben eine Verfügung für den Todesfall getroffen; kaum jemand hat eine Willenserklärung zur Sicherung der eigenen Bestattungswünsche hinterlegt. Damit, dass wir auf persönliche, individuelle Gestaltung verzichten, tragen wir dazu bei, dass standardisierte Verfahren greifen. Es gilt, diesen Handlungsspielraum zurückzugewinnen. Im eigenen Interesse, im Interesse der Angehörigen, für die oft genug unklar ist, wie wir uns das Ende gewünscht hätten, wie wir uns den Abschied gewünscht hätten.

Der Umgang mit Sterben und Trauer, mit Verlust und Endlichkeit ist mehr als eine persönliche Angelegenheit. Er berührt vielmehr die für alle geltende Frage, wie eine Gesellschaft sich ihrer Toten erinnert. Woran sie glaubt, wie viel Individualität sie erlaubt und wie sie dies in Zukunft gestalten will. Mit der Erweiterung der Handlungsmöglichkeiten wächst zugleich die Notwendigkeit konkreter und individueller Entscheidungen am Lebensende und im Umgang mit Tod und Trauer.

Wir sind sepulkrale Analphabeten geworden. Wir haben uns von den letzten Dingen entfremdet. Spätestens, wenn wir persönlich mit dem Tod eines nahestehenden Menschen konfrontiert sind, merken wir, dass die alten Rituale nicht mehr passen, dass viele verzichtbar geworden sind – und dass wir gefordert sind, neue zu entwickeln. In ihrem Gedicht »Memento« schreibt Mascha Kaléko: »Den eigenen Tod, den stirbt man nur; doch mit dem Tod der anderen muss man leben.« Man muss den Tod eines nahestehenden Menschen aushalten, annehmen, akzeptieren – und Trauer nicht als lästige Unterbrechung, sondern als langen Weg einer Veränderung begreifen.

Dort, wo wir unsicher sind, wo wir uns nicht auskennen, verlassen wir uns auf Experten. Wir ersetzen die eigene Sichtweise durch eine professionelle, eine funktionale Perspektive. In den letzten zehn bis fünfzehn Jahren ist nicht nur das Sterben, sondern auch der Umgang mit Trauer zum Thema geworden. Die wissenschaftliche Beschäftigung füllt die Lücke, die das Schwinden von Traditionen und Selbstverständlichkeiten im Umgang mit einem toten Körper und den trauernden Angehörigen hinterlassen hat. Doch weder kann der Arzt entscheiden, wie wir sterben *wollen*; noch kann – darf – der Bestatter vorgeben, wie wir zu trauern haben. Es geht daher um die Frage, wie wir die Handlungsspielräume füllen und die Vertrautheit mit Tod, Abschied und Trauer zurückgewinnen. Wir sind an dem Punkt, dass wir über den Umgang mit Sterben und Tod neu verhandeln müssen.

2
Die stille Revolte

Vom Unbehagen zum Ungehorsam

Das Unbehagen am Verlust der realen Erfahrung mit dem Tod, am Fehlen einer Sterbekultur, wächst seit Jahren. Die Art und Weise, wie wir mit dem Tod umgehen, ist bis in akademische Diskurse und politische Kontroversen hinein Gegenstand der öffentlichen Diskussion geworden. Ärzte wie Michael de Ridder stellen das Selbstverständnis der Hochleistungsmedizin in Frage, demzufolge die Aufgabe der Ärzte allein darin bestehen soll, Leben zu verlängern und zu erhalten. Als einer der wenigen, die sich öffentlich für eine andere Sterbekultur starkmachen, appelliert er an seine Fachkollegen: »Es geht darum, die eigene Sterblichkeit anzunehmen und ihr im eigenen Leben Raum zu geben.«

Vor allem in der Hospizbewegung wird das Problem seit langem wahrgenommen, und man versucht hier, neue Wege zu gehen. Ambulante und stationäre Hospizdienste bieten Begleitung für Sterbende und werden dabei in Deutschland von mehr als 80 000 ehrenamtlichen Kräften unterstützt. Im medizinischen Bereich wurde – auch angesichts der großen Resonanz auf die Hospizbewegung – ebenfalls reagiert: Hier entwickelte sich in den letzten Jahren die Palliativmedizin, die mit neuen Formen der Schmerzbekämpfung und Pflege am Lebensende die erkannten Missstände beheben soll.

Das öffentliche Unbehagen kommt nicht nur in der Debatte zur Sterbekultur zum Ausdruck. Wir befinden uns in Deutschland auch inmitten einer stillen Revolte gegen die Enteignung und Entpersönlichung von Tod und Trauer. Diese Revolte richtet sich gegen eine Verregelung, deren Wurzeln zum Teil weit in die Vergangenheit zurückreichen und die den Lebensstilen und -bedürfnissen unserer Zeit nicht mehr entspricht.

Noch bis vor wenigen Jahren stand außer Frage, dass ein Toter auf einem Friedhof zu beerdigen sei. Der Staat und die Kirchen gaben die Regeln und gesellschaftlich akzeptierten Rituale weitgehend vor. Doch die Menschen, die in allen sonstigen Lebensbereichen Anspruch auf Individualität erheben, sind immer weniger bereit, diesen Regeln widerspruchslos zu folgen und sich einer standardisierenden Sterbekultur unterzuordnen. Die Konflikte werden inzwischen auch mit juristischen Mitteln an den Gesetzgeber herangetragen.

Am 4. Juni 2003 verabschiedete der nordrhein-westfälische Landtag ein neues Bestattungsgesetz. Vorausgegangen war die Klage eines Ehepaares, das persönliche Eigentumsrechte an der Asche verstorbener Angehöriger geltend gemacht hatte. Sie wollten die Asche im eigenen Garten verstreuen und zugleich ein elementares Freiheitsrecht einklagen, solche Asche in Verbindung mit anderen Bestandteilen als einen festen Erinnerungskörper individuell gestalten zu können, etwa in Form einer gusseisernen Plastik. Nach Ansicht des Gerichts widersprachen die Wünsche der Kläger den geltenden rechtlichen Bestimmungen zur Würde und Ruhe der Toten. Die Auseinandersetzung fand große öffentliche Beachtung. Sie ist Beispiel dafür, dass die weithin aus dem Jahr 1934 stammenden deutschen Landesgesetze zum Bestattungswesen dem Anspruch auf Individualität und der sinkenden Bedeutung der Kirche nicht mehr gerecht werden.

Das nordrhein-westfälische Bestattungsgesetz mit seiner Öffnung für unterschiedliche Beisetzungsformen markiert eine Zäsur. Zwar wurde der Friedhofszwang für Urnen nicht aufgehoben, aber das Verstreuen von Totenasche an »dauerhaft öffentlich zugänglichen« Orten ist nun unter sehr engen Restriktionen erlaubt. Auch dem Grundrecht auf Religionsfreiheit suchten die Gesetzgeber zu entsprechen und lockerten im Blick auf jüdische und muslimische Bestattungsrituale den »Sargzwang«: Verstorbene dürfen auch in Tücher eingewickelt begraben werden. Damit entspricht das Gesetz den gesellschaftlichen Wandlungsprozessen in Deutschland hin zu einer multireligiösen Gesellschaft, in der neben Christen vieler Konfessionen auch Muslime und Gläubige aus anderen Religionsgemeinschaften leben.

Doch nach wie vor sind diejenigen Bestatter, Kommunen oder Kirchenvertreter, die auf den Wunsch nach Individualisierung eingehen, in der Minderheit. Die nicht nur erlauben, sondern dazu ermutigen, den eigenen Abschied oder den Abschied eines Angehörigen selbst (mit) zu gestalten.

Für viele Betroffene sind nicht mehr Kirche oder Gemeinde die richtigen Ansprechpartner. Sie waren es bis zum Ende des 20. Jahrhunderts und gaben dem Tod und der Trauer eine verbindliche Form: Ein Toter war auf dem Friedhof zu beerdigen und zwar mit kirchlichem Segen. Friedhofssatzungen schrieben ein gleichsam sozialistisches Nebeneinander der Toten fest und sorgten für Gleichheit (und Gleichförmigkeit). Diese Formalisierung löst sich allmählich auf, und die Sterbe- und Trauerkulturen in Deutschland erleben einen vielschichtigen Wandel.

Seit langem wächst die Zahl der Menschen in Deutschland, die außerhalb des Friedhofs bestattet werden möchten. Schon eine im Mai 1998 vom Institut für Demoskopie Allensbach durchgeführte Umfrage zum Thema »Tod und Grabkultur« belegt, dass ein Viertel aller Deutschen ihre Grabstätte am liebsten ohne behördliche Einschränkungen selbst gestalten möchte; jeder Fünfte würde es vorziehen, auf seinem Privatgrundstück ein Grab anzulegen; ebenso viele wünschen sich, die Asche der Verstorbenen aus dem Krematorium mit nach Hause nehmen zu können. Für Begriffe wie »Totenruhe«, »Totenwürde« oder »sittliches Empfinden der Bevölkerung« gibt es immer weniger substanziellen Konsens.

Individuelle Freiheit und ihre Grenzen

Die sogenannten 68er und die ihnen folgenden Bewegungen haben den Wertekanon in den westlichen Gesellschafen verändert. Sie haben mehr individuelle Freiheit für alle erreicht: von der sexuellen Revolution über die Gleichberechtigung der Geschlechter bis zur Informalisierung von Kleidungskonventionen und Hochzeitsritualen. Sie haben soziale Kontrolle durch Nachbarschaft, Gemeinde, Familie oder Vorgesetzte zurückgedrängt. Sie haben Autoritäten und Institutionen in Frage gestellt und verändert.

Die Sterbe- und Trauerkulturen pluralisieren sich – und die Frage nach den Grenzen der Freiheit provoziert Konflikte.

Viele sehen die Einzigartigkeit des Todes heute auch als individuelle Gestaltungsaufgabe. Erste Ansätze für neue, individualisierte Formen im Umgang mit dem Tod machen sich in alternativen Bestattungsformen bemerkbar: Asche wird zu Diamanten gepresst (im Ausland!), in die Lüfte oder ins Meer gestreut, an einem Baum vergraben oder in einer Urne zu Hause aufbewahrt. Noch vor zehn Jahren gab es in Deutschland kaum Flächen, die der Naturbestattung gewidmet waren. Die Idee stammt aus der Schweiz, und vor wenigen Jahren wurde nach langen Verhandlungen auch in Deutschland der erste Bestattungswald, dessen Betrieb durch eine Friedhofssatzung geregelt ist, eröffnet.

Für manche ist eine solche Form der Bestattung auch eine praktische Frage: Wenn man nicht weiß, wohin es die eigenen Kinder nach der Ausbildung ziehen wird, stellt sich die Frage, wer die Grabstätten pflegen soll. Inzwischen verfügt das Unternehmen *Friedwald* über mehr als 30 Standorte, weitere Betreiber sind hinzugekommen. Auch viele Kommunen bemühen sich, kleine Waldgebietet für Bestattungen zu öffnen. Nach wie vor handelt es sich um eine Nische: Rund 4 000 Menschen wurden 2009 in Friedwäldern bestattet – in ganz Deutschland starben im gleichen Jahr rund 840 000 Menschen.

Mit den »Gärten der Bestattung« am Stadtrand von Bergisch Gladbach, dem bundesweit ersten und bisher einzigen Friedhof auf privatem Grund, schloss ich vor einigen Jahren eine immer wieder schmerzhaft empfundene Lücke. Bis dahin gab es keine Möglichkeit, Grab und Begräbnis frei von behördlich verordneten Regeln, ganz nach den persönlichen Bedürfnissen, zu gestalten. Eine Gesetzesänderung in Nordrhein-Westfalen machte dies möglich. In den »Gärten der Bestattung« können Begräbnis und Grabstätte nach privaten und persönlichen Vorstellungen gestaltet werden – zu jeder Zeit. Es gibt kein Eingangstor und keine Öffnungszeiten. Wer hierherkommt, wird so wenig Restriktionen wie möglich vorfinden, dafür aber ein Maximum an Möglichkeiten.

Das Verhältnis zwischen »neuen« und alten Formen der Bestattung zeigt, dass wir noch am Anfang dieser Entwicklung stehen. Noch sind viele Widerstände zu überwinden, und vielen fehlt – gerade in der kurzen Zeit, die in der Regel zwischen Tod und Bestattung gegeben ist – der Mut, sich über vorgebliche Zwänge und Konventionen hinwegzusetzen. Weil wir uns nicht frühzeitig darauf vorbereiten, uns keine Gedanken darüber machen, greifen wir eben doch zu den überkommenen Ritualen.

Krisen in Perspektiven wandeln

Wenn der Tod uns begegnet, sind wir mit so starken Gefühlen konfrontiert, dass wir unsere Handlungsspielräume kaum wahrnehmen können. Daher ist es auch Aufgabe derjenigen, die professionell mit Tod und Sterben befasst sind, den Betroffenen diese Handlungsspielräume zu zeigen und ihnen Mut zu machen, sie zu nutzen. Auch der Bestattermarkt ist im Umbruch. Das Aufgabenspektrum des Bestatters erweitert sich seit Jahren und umfasst nicht mehr nur die »handwerkliche« Seite, sondern beispielsweise auch das Angebot von Versicherungen oder die Vermittlung von Nachsorge-Gesprächsgruppen. Noch immer aber gibt es viel zu wenig Angebote, die den Betroffenen helfen, aus der Krise heraus selbstständig Perspektiven zu entwickeln.

Traditionell überlieferte und dadurch selbstverständliche Umgehensweisen mit einem toten Körper und den trauernden Angehörigen gibt es heute in Deutschland nur noch ansatzweise in ländlichen Gegenden. Wenn die gewohnten Rituale und Formen nicht mehr »passen«, wird es zur eigenen Aufgabe, sie (neu) zu erfinden.

Dieses Buch möchte dazu ermutigen, die Einzigartigkeit des individuellen Lebens in einem individuellen Umgang mit dem Tod fortzusetzen und eine Kultur zu etablieren, die uns hilft, Sterben und Trauer als

Teil des Lebens zu begreifen. Wir können nicht einfach neue Normen aufstellen, wie der Tod, wie die Toten wieder einen Platz im Leben bekommen. Vielmehr kommt es darauf an, dass immer mehr Menschen sich dafür öffnen, dass man die Toten nicht einfach entsorgen (lassen) sollte.

Wenn der Tod in unserer Gesellschaft verdrängt wird, die Toten aus der Gesellschaft spurlos verschwinden, stellt sich die Frage, was an ihre Stelle tritt. Denn Menschen müssen sich zu ihrer Endlichkeit in Beziehung setzen. Sie wollen wissen, was mit ihnen passiert, wenn sie sterben, beziehungsweise was mit den Gestorbenen passiert, deren Tod sie erleben. Denn das Problem, den eigenen unvermeidlichen Tod oder den Tod des anderen in irgendeiner Weise zu bewältigen, bleibt bestehen. Je weniger uns aber von außen vorgegeben wird, desto mehr sind wir auf uns selbst verwiesen.

Mit den Freiräumen wächst auch die Unsicherheit: Neue, angemessene Formen der Trauer und des Umgangs mit dem Tod zu finden, setzt voraus, dass wir uns damit befassen, dass wir aufhören, uns die Toten »enteignen« zu lassen, und dem Sterben, dem Tod und der Trauer wieder einen Platz im Leben einräumen. Es gibt Momente, wie sie der Einzelne als Angehöriger erlebt, in denen der Tod sich diesen Raum im Leben nimmt. Doch es geht auch darum, den institutionellen, kulturellen Rahmen dafür aktiv zu schaffen. Denn damit tragen wir auch zu einer mündigeren Gesellschaft bei, in der der Einzelne in die Gestaltung des Gemeinwesens einbezogen ist. Die Auseinandersetzung mit der Trauer ist eine der größten Lebensenergiequellen. Sie gibt uns Kraft, Krisen in Perspektiven umzuwandeln.

3
Gemeinsam einsam

Der Tod »in Nahaufnahme«

Die gesellschaftlichen Widersprüche im Umgang mit Tod und Sterben brechen schmerzhaft auf, sobald aus der betrachtenden Distanz die Naherfahrung wird.

Spätestens dann, wenn wir persönlich mit dem Tod eines nahestehenden Menschen konfrontiert sind oder selbst an einer lebensbedrohlichen Krankheit leiden, werden wir merken, dass wir eine Sterbe- und Trauerkultur brauchen. Im Tod als Nahereignis verliert das Thema seine akademische, theoretische Dimension. In dieser Situation wird uns klar, dass die alten Rituale verzichtbar sein mögen wie die kaputte Spieluhr der Patentante – doch dass wir vergessen haben, neue zu entwickeln.

Die Kosten der persönlichen wie gesellschaftlichen Verdrängung des Todes werden unmittelbar spürbar für uns. Plötzlich stellen wir fest, dass die Distanz, die wir zum Tod und Sterben kulturell einnehmen, uns umso verwundbarer macht. Keine noch so große Distanz kann bewirken, dass wir dem Tod und der Erfahrung, Abschied nehmen zu müssen, entgehen.

Die Konfrontation mit der »Wirklichkeit des Todes« wird auch in der persönlichen Erfahrung oft als unwirklich erlebt. Der Tod konfrontiert uns mit einer Kultur, die hilflos ist, die das Unfassbare außer Reichweite hält, die die Toten »schnell beseitigt« und die dazu anhält, auch die Trauer um den Verlust des Verstorbenen möglichst schnell und unauffällig zu bewältigen.

Kult und Kultur des Sterbens

In vielen asiatischen und afrikanischen Kulturen ist Trauer bis heute vor allem eine Sache der Gemeinschaft. Der Satz »Das muss ich mit mir allein abmachen« wäre dort undenkbar. Die öffentliche Form des Trauerns wird in diesen Gesellschaften als ebenso »natürlich« empfunden wie in unserer modernen Kultur die Privatisierung der Trauer. Trauer ist eine universelle Erfahrung, doch wie sie sich für den Einzelnen anfühlt und wie sie sich nach außen zeigt, ist etwas ganz anderes. Es gibt kein »richtig« und kein »falsch« im Verhältnis zu Tod und Trauer.

Trauerrituale, Friedhöfe und Begräbnisstätten waren in allen Kulturen Zeugnisse für den Umgang der Lebenden mit ihren Toten und dem Tod. Sie spiegeln die Vorstellung wider, die sich die Menschen in ihrer Zeit und Kultur vom Tod – und vom Leben – machen. Wenn man historische Entwicklungen über einen langen Zeitraum betrachtet, wie dies in der europäischen Geschichte dank einer Fülle von Quellen aller Art möglich ist, wird sichtbar, wie sehr sich die »Politik des Todes«, der Reorganisation der sozialen Strukturen folgend, mit der Zeit änderte.

Wie wir Tod und Trauer empfinden und ausdrücken, hängt davon ab, welche Traditionen noch existieren, welche Freiheiten wir haben und welche wissenschaftlichen Theorien gerade für gültig gehalten werden. Unterschiedliche Religionen und Kulturen haben unterschiedliche Ausdrucksformen für den Umgang mit dem Tod und dem Abschiedsschmerz entwickelt. Trauerprozesse werden beeinflusst von den individuellen Lebensumständen, von der Art der Bindung zu der oder dem Verstorbenen, von der Art des Todes und auch von der Kultur, in der ein Trauernder lebt. Der französische Philosoph Jacques Derrida hat das in seinen *Aporien: Sterben – auf die Grenzen der Wahrheit gefaßt sein* zugespitzt so formuliert: »Die Kultur selbst, die Kultur im allgemeinen ist im wesentlichen vor allem, ja wir können sagen *a priori* Kultur des Todes; und infolgedessen *Geschichte des Todes*. Es gibt keine Kultur ohne den Kult der Vorfahren, ohne die Ritualisierung der Trauer und des Opfers, ohne Orte und Modalitäten institutionalisierter Bestattung, und wäre es selbst für die Asche einer Verbrennung.«

Der Tod, wie wir ihn heute wahrnehmen, bekämpfen, verdrängen, ist nur noch ein dunkler Fleck in einem bunten Meer von (medizinischen wie technischen) Möglichkeiten, das Grenzen nur widerwillig, Gegebenheiten nur als vorläufig akzeptiert. Im Verhältnis zu Tod und Sterben spiegelt sich – zu allen Zeiten und in allen Kulturen – das Verhältnis zum Leben und die Frage danach, was der Mensch ist und welche Rolle er spielt im großen Ganzen. Die Pyramiden und die chinesische Tonsoldatenarmee, die Herz-Lungen-Maschine und der Friedhofszwang sind unterschiedliche Antworten auf die Frage, was der Tod bedeutet (und was, falls überhaupt etwas, danach kommt). Der Unterschied zwischen den Pyramiden und dem vorformatierten Standardgrab eines deutschen Kleinstadtfriedhofs entspricht in etwa dem Unterschied zwischen einer Sterbekultur, die den Tod als Teil des Lebens ernst nimmt, und einer Kultur, die Realität als eine Frage der Machbarkeit begreift.

Angenommen, in einigen Hundert Jahren würden sich die Menschen ein Bild unserer Kultur machen, das auf unseren Bestattungsformen basiert: Was würden sie sehen? Aus dem gezähmten Tod wurde der verschämte Tod, über den man aus Rücksicht schweigt.

Heute wünschen sich die Menschen ein schnelles und überraschendes Sterben, sie wollen überwältigt werden von diesem Übergang und eigentlich nicht daran beteiligt sein. Im Mittelalter dagegen galt ein bewusstes Sterben als Idealvorstellung, die Menschen wollten Gelegenheit haben, ihre Dinge zu regeln, ihren Besitz zu verteilen und von ihren Angehörigen Abschied zu nehmen. Ein überraschender Tod, wie Menschen ihn sich heute wünschen, galt als Unglück. Von einem raschen Sterben versprechen sich viele Menschen, dass ihnen seelisches und körperliches Leiden erspart bleibe. Sie wollen sich nicht mit Krankheit, Schwäche, Abhängigkeit und Vergänglichkeit beschäftigen. Sie fühlen sich gedemütigt von ihrem Körper und ihrem Geist, wenn deren Funktions- und Leistungsfähigkeit nachlässt.

Die Angst vor einem qualvollen Sterben ignoriert die Tatsache, dass es noch nie so wirksame Methoden der Schmerztherapie gegeben hat wie heute. Auch bei schwersten Erkrankungen können die Schmerzen fast immer auf ein erträgliches Maß reduziert oder gar völlig ausgeschaltet werden. Was jedoch auch die moderne Palliativmedizin niemandem ersparen kann, ist die Konfrontation mit Schwäche und der Abschied von diesem Leben.

Die Kultur einer noch nicht individualisierten Gesellschaft war von Tradition und Dauerhaftigkeit gekennzeichnet. Vieles gehörte weniger einem Einzelnen als der Familie, man lebte im selben Haus wie die Vorfahren und Nachkommen, benutzte dieselben Möbel wie schon die Großeltern und wie noch die Enkel. Es ist noch nicht so lange her, dass die Menschen in Mitteleuropa in eher stabile persönliche und soziale Verhältnisse eingebunden waren. Für die Mehrzahl der Menschen gab es Lebensgehäuse, in denen man sich einzurichten hatte. Ob man in diesen Lebensgehäusen glücklich war oder nicht, spielte keine große Rolle. Das Lebensende war in diese stabile, starre Welt eingebettet, das Sterben verlief gewissermaßen in den gleichen geordneten Bahnen wie das Leben selbst.

Anders als die stabilen sozialen Gefüge von einst ist die Welt des modernen Menschen durch eine wachsende Beschleunigung, durch ständige technische, soziale, ökonomische und private Veränderungen geprägt. Alles wird schneller, das Internet, das Auto, das Eingehen und Auflösen von Beziehungen, die Arbeit im Büro. Familien zerfallen, Arbeitsplätze gehen verloren, und an die Stelle von Prinzipien der Lebensführung ist eine Art Ad-hoc-Moral getreten. Die »flüchtige Moderne« setzt den modernen Menschen unter Druck: Heimat? Man hat an vielen Orten gewohnt. Familie? In alle Winde zerstreut oder nur noch im engsten Kreis gelebt. Die Arbeit? Ein Patchwork von Projekten.

Wir konsumieren uns zu Tode

Wir sind, im wahrsten Sinne des Wortes, unser »Glückes Schmied« geworden. Das Individuum ist in den Mittelpunkt gerückt, und dieses Individuum hat all die Aufgaben zu übernehmen, die Entscheidungen zu treffen und die eigenen (Lebens-)Bahnen zu zeichnen, die in früheren Generationen von der Gemeinschaft und dem Kulturkreis vorgegeben waren. Wir wollen möglichst viel erleben und tun viel dafür, um gesünder, glücklicher, leistungsfähiger zu werden und das Leben im Griff zu haben. Wir haben den Halt in Glaubenssystemen, in Orten, in Bindungen aufgegeben – zugunsten der individuellen Freiheit, nach unserer »eigenen Fasson« selig zu werden. Niemand zwingt uns, irgendwohin zu gehören. Wir wählen unsere Gemeinschaften, und wir wollen darin bestimmen und mitbestimmen. Der Einzelne hat an Macht gewonnen, er definiert sich als Ich-AG und entscheidet sich immer wieder neu für die Bindungen, die er eingehen will.

Diese Verantwortung, für unser eigenes Heil zu sorgen, fordert viel, und manchmal überfordert sie den Einzelnen. Zumal Experten für jeden Lebensbereich Maßstäbe aufstellen, denen kaum je Genüge getan werden kann, und eine schier grenzenlose Fülle von Entscheidungsoptionen jede Wahl zur Qual werden lässt. Wir leben in einer pluralisierten Gesellschaft, in der sich die Welten und die Werte, die Möglichkeiten und Entscheidungsoptionen, die parallel existieren, vervielfältigt haben – und wir sind mit Entscheidungen konfrontiert, die wir mit immer unvollständigeren Informationen treffen müssen. Mit der Erweiterung der Handlungsmöglichkeiten, mit der Pluralisierung von Werten und Weltbildern wächst zugleich die Notwendigkeit konkreter und individueller Entscheidungen am Lebensende und im Umgang mit Tod und Trauer. Das Verblassen der Sterbe- und Trauerkultur hinterlässt eine Lücke, die Institutionen nur ungenügend füllen.

Wir leben in einer ökonomisierten, medialisierten Welt, die unsere Wahrnehmungsmuster prägt. Wir sind heute fast grenzenlos mobil, füllen unsere Terminkalender und halten uns auf dem Laufenden. Die äußere wie die innere Mobilität sind zu Imperativen geworden. Kulturen, die noch in alten Traditionen verhaftet sind oder dem Individuum einen weniger prominenten Platz einräumen, sehen wir als »rückständig« und unmodern an.

Als moderne Menschen definieren wir uns über unsere Leistungen. Solange es geht. So verwundert es nicht, dass die Krankheit der Zeit eine Krankheit der Grenzenlosigkeit ist: Burn-out, das Ausgebranntsein. Wir können weder mit den Leistungs- noch mit anderen Grenzen umgehen. An die Stelle der Traditionen, deren wir uns entledigt haben, sind Experten getreten, die wir als wissenschaftliche Autorität zu akzeptieren gelernt haben, sowie der Auftrag zur Selbstoptimierung. Unsere Kultur erzieht uns zum »mehr« Wollen, anstatt dazu, unsere eigenen Grenzen zu finden und das zu akzeptieren, was wir haben. Der Tod ist für uns ein endgültiges Ende.

Der heutige Umgang mit Tod und Trauer in der Gesellschaft ist vom System gewollt. Ein konsumorientiertes System will keine Grenzen, verspricht eine Scheinwelt ohne Grenzen. Aber es kann die Grenze »Tod« nicht abschaffen, also tut es alles, um den Tod in der Normalität des Alltags und des Lebens nicht mehr erfahrbar zu machen. Doch Grenzenlosigkeit führt zur Orientierungslosigkeit. Und Orientierungslosigkeit macht Angst. Und der angstbesetzte Mensch ist manipulierbar und damit empfänglich für Verführungen aller Art.

Es gibt eine Diskrepanz zwischen dem Menschen, wie er ist, und dem Menschen, wie er sein möchte. Wir leben mit einem Bild des Sterbens, das aus dem Fernsehkrimi kommt, so wie unser Bild von Schönheit in Hollywood produziert wird.

Diese Ökonomisierung immer weiterer Lebensbereiche wirft überall dort Fragen auf, wo sie sich auf Lebensbereiche bezieht, deren Eigenlogik / Eigen-»Sinn« mit dem Gebot der Effizienz und der Messbarkeit von Kosten und Nutzen nicht so leicht in Einklang zu bringen ist. Muss ein Krankenhaus geführt werden wie eine Stahlschmiede? Muss in meinem Alltag jede Minute so verplant und ausgefüllt sein wie im Alltag eines Managers? Muss ich zur Ich-AG werden, um den Anforderungen unserer Zeit zu genügen?

Es ist unser Anspruch auf Einzigartigkeit, der das individuelle Leben so kostbar macht. Das einzigartige Individuum kann in nichts und niemandem fortleben, mit seinem Ende ist es unwiederbringlich verloren. Wenn das Leben die einzige Gelegenheit ist, dann steigert sich die Verlustangst ins Unerträgliche. Zudem ist die Aufgabe der Selbsterschaffung und Selbstverbesserung, die sich das Individuum zur Pflicht macht, prinzipiell unvollendet. Wir haben nur noch das Diesseits. Und

fürchten uns davor, seine Möglichkeiten nicht nutzen zu können. Es ist
– immer! – viel zu früh zum Sterben. Für jeden. Wir kämpfen gegen
den Tod als Feind wie gegen das Trauern mit allen Mitteln an. Ein aussichtsloser Kampf.

*

Die Ängste des modernen Menschen sind »flexibilisiert«. Sie sind diffus und nicht mehr auf eine konkrete Hölle oder einen konkreten Himmel bezogen.

Auch der letzte Lebensabschnitt gerät in Bewegung. Man kann sein Leben im Krankenhaus, im Pflegeheim, im Hospiz oder bei ambulanter Betreuung zu Hause beschließen. So fragmentiert, wie das Leben der Menschen heute ist, ist auch das Ende geworden: Das sieht man unter anderem daran, dass die Versorgung selbst aufgeteilt ist, wobei die verschiedenen Dienstleistungen oft nicht einmal aufeinander abgestimmt sind. Der Mensch bleibt selbst am Ende nicht davon verschont, noch einmal zwischen verschiedenen Angeboten und Dienstleistungen wählen zu müssen.

In den letzten Jahrzehnten ist das Leben komplexer und unübersichtlicher geworden denn je zuvor. Ein Zuviel an Belastungen und Anforderungen trifft auf ein Zuwenig an Kompetenzen und Ressourcen. Aus diesem Missverhältnis ergibt sich das beängstigende Gefühl der Überforderung. In der Debatte um Tod und Sterben tritt oft die Grundüberzeugung hervor: Ich will mein Leben eigenverantwortlich gestalten, nicht von Geräten abhängig sein, keine Behandlungen bekommen, gegen die ich mich nicht wehren kann. Viele Menschen lehnen lebensverlängernde Maßnahmen ab und legen dies in einer Patientenverfügung fest.

Die Industriezivilisation ist die erste, die über die technischen Möglichkeiten verfügt, Menschen maschinell am Leben zu halten. Ein Triumph über Endlichkeit und Hinfälligkeit, der aber oft als beängstigend empfunden wird. Wie der Zauberlehrling, der die Geister, die er rief, nicht wieder loswird, demonstriert die Medizin, was sie kann, ob die so am Leben Erhaltenen das wollen oder nicht. Gerade jenem modernen Menschen, der seine Unabhängigkeit feiert, wird nun von Instrumenten vorgeführt, was radikale Abhängigkeit ist. Die Individualisierung und ihre Kehrseite, die Vereinzelung, die mit dem Fortschreiten der Moderne einhergeht, legt sich auch über den letzten Lebensabschnitt des Menschen. »Unser Leben ist zweifellos in Auflösung begriffen und somit auch die Familie«, schreibt Dostojewski schon 1877 im *Tagebuch eines Schriftstellers*. Die Auflösung der sozialen Milieus, in denen die Menschen früher einmal ihr Leben abschlossen, erzeugt jene Ausgrenzung des Todes in Institutionen. Es gibt kein Zurück in die alten familiären und nachbarschaftlichen Verhältnisse. Die Suche gilt neuen individuellen wie sozialen Formen des Umgangs mit Sterben und Tod, mit Trauer und Trauernden.

Das Totengedenken ist ein Problem moderner Kulturen überhaupt. In der Geschichte der Säkularisierung sind die religiösen Vorstellungen vom Tod weitgehend aufgelöst worden. Der Philosoph Pascal Bruckner formuliert es in seinem Essay *Verdammt zum Glück* knapp: »Modern sein heißt unfähig sein, sich mit dem Schicksal abzufinden, das für uns vorgesehen ist.«

Dank der rationalistischen »Entzauberung der Welt« ist weitgehend verloren, was einst Sterben und Trauer geprägt hat: ein religiöser Deutungshorizont, der den Menschen den Tod der anderen ebenso wie die eigene Sterblichkeit als ein göttliches Geschick zu deuten erlaubt. Nach dem Schwinden religiöser Gewissheiten und dem »Verlust der Ewigkeit«, das heißt des Glaubens an ein jenseitiges Leben oder die Unsterblichkeit der Seele, verbindet sich in der modernen, säkularisierten Gesellschaft die Verdrängung des Todes mit seiner Verbannung aus dem Alltagsleben und der Öffentlichkeit. Die für die Moderne typische Trennung von Öffentlichkeit und Privatsphäre hat zu einer Privatisierung und Individualisierung des Todes geführt.

Wo der Realist Industrialisierung und Bevölkerungsentwicklung dafür verantwortlich macht, dass alte Sozialgefüge zerstört und die Menschen gleichsam zur Individualität verdammt wurden, sieht der Idealist das Streben nach Freiheit und Autonomie als Motor der Individualisierung. Steigende Scheidungszahlen und sinkende Geburtenziffern weisen darauf hin, dass die Individualisierung ihre Kehrseite hat. Jeder

Zweite über 85-Jährige in Deutschland lebt allein. Immer mehr Menschen leben und sterben als Singles.

Ökonomisierung, Institutionalisierung und Medikalisierung des Sterbens sind die zeitgenössischen Formen des Umgangs mit dem Lebensende und die Antworten der modernen Gesellschaft auf den Schrecken des Todes. Indem versucht wird, Sterben und Tod zu modernisieren, werden Sterben und Tod zugleich radikal individualisiert

Lokale Traditionen im Umgang mit Sterben und Tod sind verkümmert, der Tod wird zu einer Aufgabe, die das Individuum in Zusammenarbeit mit seinen Experten bewältigen muss. Die Differenz zwischen dem alltäglichen Tod, der unsichtbar bleibt, und dem jederzeit sichtbaren Fernsehquantum ist merkwürdig. Eine Erklärung dafür könnte die von Birgit Richard in ihrer Dissertation *Todesbilder* formulierte These bieten, nach der »die westliche Gesellschaft den Tod nicht verdrängt«, in dem Sinne, dass sie ihn verschwinden lässt, sondern »im Zeitalter optischer Speichermedien neue Symbolisierungsorte« für ihn geschaffen hat: den Film, die Printmedien, das Fernsehen. Damit kehrt der aus dem Alltag verdrängte Tod durch die elektronische Hintertür wieder ein in den (Fernseh-)Alltag. Er kehrt zurück ohne die Brutalität des erlebten Todes, ohne die Unerträglichkeit des individuellen Schmerzes. Er kehrt zurück als der Tod der anderen.

Denn der Bildschirm erzeugt eine Entwertung: »Die herrschende Tendenz in unseren Gesellschaften ist es, als Ausdruck unseres technologischen Ehrgeizes und entsprechend unserer Feier des Augenblicks, den Tod aus dem Leben auszulöschen oder ihn durch seine wiederholte Darstellung in den Medien bedeutungslos zu machen, wobei er dort immer der Tod des anderen ist, sodass unser eigener uns mit der Überraschung des Unerwarteten trifft.« Birgit Richard spricht mit Blick auf heutige Todesvorstellungen von einer »Desozialisierung« des Todes. Diese sei »der Hauptgrund für sein weitgehendes Verschwinden aus dem öffentlichen Raum«. Ins Fernsehen ist eingesickert, was aus dem Alltag ausgesickert ist, und es sickert, jeden Abend neu, wieder zurück in den Alltag. Darin liegt zunächst ein Gewinn. Das Fernsehen bietet und sichert die Bilder, die aus dem Alltag des einzelnen Menschen fast verschwunden sind. Im Fernsehen hat der Tod seinen neuen Platz gefunden.

Der Zuschauer kennt den Tod weithin nur noch als Fernsehtod. Doch zieht man eine falsche Trennungslinie, wenn man glaubt, dass auf der einen Seite die Realität wäre, frei von Todesbildern, und auf der anderen das Medium, voll davon: Das Fernsehen ist nicht jenseits der Realität eine Art elektronisches Gegenüber – es ist selbst Realität. Was es im Fernsehen gibt, das gibt es wirklich. Das Fernsehen – also die Autoren, die Reporter, die Kameraleute, die Redakteure, die Produzenten – bestimmt über die Bilder. Das macht die Rolle des Fernsehens in der Gesellschaft so bedeutend. Aus der Rolle des Herrschers über die Bilder erwächst eine große Verantwortung. Das Fernsehen, ob es dies will oder nicht, nimmt an einer öffentlichen Aufgabe teil.

Der Tod zeigt sich im Fernsehen nicht in erster Linie als integraler Bestandteil der Biografie eines jeden Menschen, sondern als etwas, das zum Leben hinzutritt, indem es ihm ein Ende setzt. Nichts ist zu sehen von einer Einheit von Leben und Tod, und was wir umgangssprachlich einen natürlichen Tod nennen, fehlt im Fernsehen fast vollständig. Es ist ein und derselbe Mensch, der den Tod verdrängt an den Rand seiner Tage und seines Lebens. Der die Friedhöfe hasst, dem der Geruch der Lilien in der Aussegnungshalle zuwider ist.

Moderne Gesellschaft – moderne Ängste

In unserer Sterbe- und Trauerkultur spiegeln sich Trends, die nicht umkehrbar sind: Es gibt kein Zurück zu Familie, zu Geistlichkeit. In der Grabkultur unserer Gesellschaft lassen sich die Trends und Widersprüche besichtigen. Kollektive lösen sich in immer kleinere Gruppe auf – bis hin zum vereinzelten, vereinsamten Menschen, der stirbt, ohne dass überhaupt irgendwer um ihn trauert: Alte, Alleinstehende, Kinderlose – sie bleiben am Ende immer häufiger ohne jede Begleitung, und, anonym bestattet, ohne Andenken.

Die moderne Gesellschaft entsorgt ihre Toten. Der Tod hat keine eigenständige Bedeutung mehr, er verliert seine Einbindung ins Leben. Der Tod kommt nur noch als die Systemgrenze vor, die der biologischen Macht gesetzt ist. Der Versuch aber, den Tod auf seine Rolle als »nicht zum Leben gehörig«, als Grenzstrich zu reduzieren, rächt sich. Grenzen wir den Tod aus, verblasst auch das Leben.

Die säkularisierte und individualisierte Lebensweise erzeugt einen Wertewandel, der die Frage nach dem Sinn von Leben und Sterben aufwirft. Zu den Imperativen von Flexibilität und Individualität gesellt sich im 20. Jahrhundert ein weiterer, der die Verdrängung von Tod und Trauer fördert: »Sei glücklich!« ist die Parole einer Gesellschaft, die alles, was sich der Kraft des Verstandes und dem Fortschritt entgegenstellt, als Leiden bezeichnet: »Wir haben heute alle Rechte außer dem einen, unglücklich zu sein«, resümiert Pascal Bruckner in *Verdammt zum Glück*. Glück gilt heute nicht mehr als Geschenk gütiger Mächte, sondern als Aufgabe des Einzelnen. Auf der individuellen Ebene sind wir zu sehr damit beschäftigt, das Glück zu suchen, um uns mit dem Leiden zu befassen. Wir sind zu sehr damit beschäftigt, die nächsten Dinge in den Griff zu bekommen, um uns die Zeit zu nehmen, uns um die letzten Dinge zu kümmern. Aber dabei verkennen wir, wie sehr die Beschäftigung mit den letzten Dingen die nächsten Dinge – die Wichtigkeiten und Wertigkeiten im Leben – verändert. Was wäre wichtig, wenn Sie wüssten, dass Sie noch zwei Jahre zu leben hätten? Zwei Wochen? Zwei Tage? Wie würden sie diese verbringen wollen? Wir haben vergessen, wie eng beides zusammenhängt.

Tod und Trauern anzunehmen und zu ertragen ist eine provozierende Forderung in einer Zeit, da eigentlich alles manipulierbar ist oder zu sein scheint. Keine Versicherung, keine spezielle Wissenschaft und keine intelligente Theorie helfen gegen die Grenze, die der Tod setzt. So ist »der Tod« ein Sammelbegriff für das, was wir nicht begreifen und nur wenig beeinflussen können, dem wir aber mit elementarer Gewalt ausgeliefert sind. Ohnmacht und Begrenzung sind Themen, die in unserem Jahrhundert in Westeuropa sehr unbeliebt sind.

Die modernen Gesellschaften sind Leistungsgesellschaften. Wer hilfsbedürftig wird, riskiert vor dem physischen den sozialen Tod: Du bist nicht mehr aktiv, nicht mehr leistungsfähig – also bist du tot. Es verwundert nicht, dass auch Trauernde von dieser Ausgrenzung betroffen sind. Die Unersetzlichkeit des Verstorbenen für die Hinterbliebenen steht im Widerspruch zur Ersetzbarkeit in der Leistungsgesellschaft – am Arbeitsplatz ist jeder austauschbar geworden, ein Rädchen in einer Maschinerie, die jederzeit auch ohne ihn effizient produziert.

Es ist kein Zufall, dass Sterben und Trauer an den Rand der Gesellschaft verbannt sind, denn wie in allen Kulturen und Zeiten sind sie Spiegel der gesellschaftlichen Werte, der Leitideen und Vorstellungen vom Leben. Die Trends, die Veränderungen, die Widersprüche, die andere Bereiche des Lebens – von der Familie bis zur Arbeitswelt – prägen, finden in der heutigen Sterbe- und Trauerkultur ihren Niederschlag. Für die Antwort auf die Frage, wie eine Wiederentdeckung der Sterbe- und Trauerkultur aussehen kann, ist nicht nur ein Bild der Situation notwendig. Es ist hilfreich, den Blick zurückzuwenden und sich anzusehen, wie wir dahin gekommen sind, wo wir heute stehen. Wann und warum haben wir – als Einzelne, als Gesellschaft – das Sterben, das Abschiednehmen, das Trauern verlernt?

Rituale hatten ihren Sinn. Unsere Trauerrituale sind heute nicht mehr gebunden an eine Religion, aber sie unterscheiden sich von Gewohnheiten und Routinen. Sie sind nicht beliebig, sie beziehen ihre Wirksamkeit daraus, dass alle sie kennen und befolgen. Das schafft Sicherheit und ein Gefühl von Verbindung oder Gemeinsamkeit. Wir sterben und trauern, wie wir leben: vereinzelt und ohne gesellschaftlich bindende Formen in einer Kultur, die uns nicht hilft, Trauer zu akzeptieren, die uns die Toten stiehlt. Das heißt, dass wir mit den Gegebenheiten, mit den Lebensstilen neue Formen finden müssen, die diesen entsprechen. Dies ist eine Aufgabe, die sich dem Einzelnen stellt – und die sich auch der Gesellschaft stellt. So, wie es jetzt aussieht, werden wir nicht mehr mit dem Tod erzogen, sondern vom Tode entzogen. Wir brauchen die Wiederbelebung einer »Death-Education«!

Wie schwierig, wie mühsam und langwierig das ist, wie viel Mut das erfordert, das erleben auch Ärzte, die einen anderen Umgang mit dem Sterben fordern. Wir könnten die Begriffe Leben und Sterben definieren als Auseinandersetzung mit und letzten Endes Annahme der eigenen Vergänglichkeit. Sterben und Trauern sind keine passiven, sondern aktive Prozesse. Sie sind Handlungen. Menschen werden nicht gestorben, sie sterben. In unserer Sprache gibt es viele Umschreibungen für das Sterben wie: »Sie ist gegangen«, »Er hat seine letzte Reise angetreten«, »Sie hat uns verlassen« Darin wird der aktive Aspekt betont, Sterben wird als Reise beschrieben, als Weg, der von den Sterbenden gegangen wird.

Uns sind die Kriterien dafür abhandengekommen, was »sterben« bedeuten kann, wie wir sterben wollen. Die Kriterien für diese Wahl setzen Werte voraus. Sie sind nicht technischer Natur. Die Fragen, vor die uns Tod, Trauer und Sterblichkeit stellen, sind nur vom Einzelnen zu beantworten und von der Gesellschaft, in der er lebt. Wir können auf diese Antworten nicht verzichten.

4
Memento mori: ein Blick zurück

Die Bedeutung von Totenritualen in der Geschichte

Nein, früher war nicht alles besser, auch das Sterben nicht. Doch es war vertraut und eingebettet in den Alltag und die Alltagserfahrung. Früher haben die meisten schon in ihrer Kindheit erlebt, dass der Großvater oder die Großmutter starb, eine Tante, ein Nachbar, Menschen, die Teil des Alltags waren. »So ist das eben, so ist der Lauf der Welt, das gehört dazu« – das sind die Sätze, die zu diesen Toden passen, sie sind selbstverständlich, aber vor allem sind sie nicht bedrohlich. Dieses »So ist der Lauf der Welt« war ein Aspekt des Alltags, in dem Erfahrungen mit Sterben und Trauer dazugehörten.

Fast zwei Jahrtausende lang – »von Homer bis Tolstoi« – blieb im Abendland die Grundeinstellung der Menschen zum Tod nahezu unverändert. Der Tod war ein vertrauter Begleiter, ein Bestandteil des Lebens, er wurde akzeptiert, und die letzte Lebensphase wurde häufig als Erfüllung empfunden. Seit dem 19. Jahrhundert hat sich ein entscheidender Wandel vollzogen. Der Tod ist zu etwas Furchteinflößendem und Unfassbarem geworden, und er ist in der modernen, leistungsorientierten Gesellschaft nicht eingeplant. Der Mensch stirbt nicht mehr umgeben von Familie und Freunden, sondern einsam und der Öffentlichkeit entzogen, um den »eigenen Tod« betrogen.

Dass der Mensch wider besseres Wissen seine Endlichkeit verdrängt, ist allerdings keine Erfindung des 21. Jahrhunderts. Schon in der Antike gab es Klagen darüber, dass Menschen ihre Sterblichkeit vergessen und in den Tag hineinleben, als ob es den Tod nicht gäbe. Und Montaigne bemerkte in *Philosophieren heißt Sterben lernen*, dass seine Zeitgenossen weniger philosophisch lebten, wenn es um Tod und Sterben ginge: »Der Notbehelf des gemeinen Volks besteht darin, nicht an ihn zu denken.« Gut achtzig Jahre später ergänzte Blaise Pascal in *Fragment 168*: »Da die Menschen unfähig waren, Tod, Elend, Ungewissheit zu überwinden, sind sie, um glücklich zu sein, übereingekommen, nicht daran zu denken.« Das aber sei ein elender Trost, der das Übel nicht kuriere, sondern es verberge.

Philippe Ariès beschreibt in seiner *Geschichte des Todes* als eine Konstante der Gesellschaften des 20. Jahrhunderts das »Verdrängen« des Todes. Der Tod ist zum Tabu geworden, man redet nicht mehr darüber. Er ereignet sich nicht mehr zu Hause, unter den Augen der Angehörigen und Freunde, sondern in der Einsamkeit des Krankenhauses. Die traditionellen Riten wie die »letzte Ölung« des Sterbenden werden durch eine diskrete, verweltlichte Zeremonie ersetzt. Öffentliches Trauertragen ist nicht mehr gebräuchlich. Die religiösen Darstellungen des Jenseits und des Seelenheils sind in Vergessenheit geraten. Der letzte Wille des Toten gilt der Verteilung seiner materiellen Güter, nicht der Sorge um seine Seele.

Im Lauf der Geschichte, sagt Ariès, hat sich die Einstellung zum Tod allmählich gewandelt. Etwa im 2. bis 3. Jahrhundert wurde die bis dahin in Europa gebräuchliche Feuerbestattung durch die Körperbestattung ersetzt, und zwischen dem 10. und 12. Jahrhundert vollzog sich eine der wichtigsten Veränderungen in der Sozialgeschichte des Todes in der westlichen Welt: die Anordnung des Gemeindefriedhofs rund um die Kirche. Die Toten hielten so die Lebenden fest, und die meisten europäischen Landschaften sind davon immer noch geprägt. Kirche und Friedhof bilden den Mittelpunkt der Dörfer, um den sich die Wohnhäuser in konzentrischen Kreisen gruppieren.

Etwa um das 12. Jahrhundert fingen die Leute an, sich um den »eigenen Tod« Gedanken zu machen, darum, wie sie den Augenblick des Todes erleben würden und wie es ihrer Seele im Jenseits ergehen würde. Diese eng verbunden mit dem Christentum verbundene Phase der Beschäftigung mit dem »eigenen Tod« reichte vom Mittelalter bis zur Französischen Revolution. Im Zuge der fortschreitenden Urbanisierung,

Verweltlichung, Industrialisierung und Verbürgerlichung im 18. und 19. Jahrhundert trat der »Tod der anderen« in den Vordergrund. Gleichzeitig wurde dem Tod sein eigener Platz zugewiesen: der große öffentliche Friedhof – eine riesige Totenstadt –, der im 18. Jahrhundert in die Außenbezirke der Städte wandert, bevor die neuen Wohngebiete die Toten wieder einholten und einbezogen. Diese noch relativ neue Phase im Umgang mit dem Tod und den Toten verändert sich unter unseren Augen und macht einer Verdrängung des Todes und der Trauer Platz. Gräber werden nun diskret – und fast schon anonym – gestaltet: ein einfacher Stein aus Marmor, ein Name, zwei Daten, prunklos – *ni fleur ni couronne,* »weder Kranz noch Blumen«.

Über Jahrhunderte blieben in der Zeit des »gezähmten Todes« die essenziellen Aspekte bei der Durchführung des »Übergangsritus« des Todes die gleichen: die Begleitung der Sterbenden im Todeskampf, die religiösen Riten des christlichen »guten Todes«, der öffentliche Charakter der Bestattungsfeierlichkeiten sowie die periodische Erinnerung an den Verstorbenen im Rhythmus: Neun-Tage-Amt, Dreißig-Tage-Amt sowie Jahresgedächtnis als bis ins Kleinste geregelte zeitliche Struktur der »Trauerarbeit«. Die Hölle, der Glaube an Wiedergänger, die Begräbnisökonomie, die sich hieraus entwickelt hat, festigten die Macht der Kirche über die christliche Gesellschaft, indem die Priester zu unentbehrlichen Mittlern zwischen den Menschen und dem Jenseits wurden. Alles, was mit dem Tod zusammenhing, besaß einen entscheidenden Platz im Denken, in den Gebräuchen und auch in der ideologischen und materiellen Macht der Kirche. Der Tod ist nicht »der Schatten des Lebens«, sondern der immaterielle Horizont, der dem Leben Sinn verleiht.

Das Individuum und das kollektive Gedenken

Laut Ariès hat die Gesellschaft im 20. Jahrhundert »den Tod ausgebürgert«, »ausgenommen den Tod der großen Staatsmänner«. Auch das Leichenbegängnis verliert, erst in der Stadt, später auch auf dem Land, an Pomp und Glanz. Anstatt zu feiern, bringt man die Sache hinter sich.

Es beginnt, was Ariès in seiner *Geschichte des Todes* die »Medikalisierung« des Todes nennt. Der Kranke verschwindet in der Klinik, man vermeidet die Gerüche, den Anblick. Aus dem einstmals »schönen« Tod wird »der schmutzige, der unerträgliche, den Einzelnen überfordernde Tod«. Das Krankenhaus wird zum »Ort des normalen Todes«. Dem entspricht, dass es unschicklich wird, Trauer zu zeigen. Das Ideal ist die unbewegte Miene.

Der Tod prägt nicht nur das Verständnis vom Menschen, sondern bildet die Grundlage der kollektiven Erinnerung oder der für jede Kultur charakteristischen »Gedächtniskultur«, wie es Jan Assmann in *Das kulturelle Gedächtnis* ausdrückt: »Der Tod ist die Ur-Erfahrung solcher Differenz [zwischen Gestern und Heute], und die an den Toten sich knüpfende Erinnerung [ist] die Urform kultureller Erinnerung.« Die Geschichte der Erinnerung überschneidet sich an vielen Punkten mit der Geschichte des Todes.

Die zahllosen Kriege des 20. Jahrhunderts, insbesondere die beiden Weltkriege und die großen Genozide, vor allem die Vernichtung der kontinentaleuropäischen Juden, haben viel kreative Nachdenklichkeit über die Formen kollektiven Totengedenkens angeregt. Die Erinnerung an die zahllosen Opfer verband sich mit der Frage, inwieweit über den Tod der Vielen hinaus auch deren Individualität präsent bleiben kann. Schon in den politischen Totenkulten des 19. und 20. Jahrhunderts war neben dem »unbekannten Soldaten« immer auch der Einzelnen gedacht worden, beispielsweise in den lokalen Gefallenenlisten auf Erinnerungstafeln in den Kirchen (oder den Vorräumen der Kirchen), auf Friedhöfen oder an Gedenkorten der Gemeinde wie dem Kriegerdenkmal vor dem Rathaus oder einem anderen zentralen Platz von Stadt und Dorf.

Das Vietnam Veterans Memorial in Washington, D.C. verknüpft die kollektive Erinnerung an die toten Soldaten besonders überzeugend mit dem Gedenken an die Menschen als Individuen, sind auf der 150 Meter langen schwarzen Granitwand doch die Namen aller amerikanischen Vietnamkriegstoten in alphabetischer Reihenfolge aufgeführt, sodass sich hier individualisierte Erinnerungspraktiken entwickeln konnten: Viele Angehörige und Freunde zeichneten den Namen »ihres« Opfers auf Papier nach. Steven Spielberg ließ sich vom Vietnam Veterans Memorial dazu inspirieren, mit Hilfe seiner Shoah Foundation Namen, Lebens- und Leidensgeschichten der in den nationalsozialistischen Vernichtungslagern ermordeten Juden soweit noch möglich digital zu archivieren – eine symbolische Rettung des Individuums vor der radikalsten Form der Entindividualisierung.

Spielbergs digitales Gedächtnis, der Versuch, den Millionen anonymen Opfern der Shoah ihre Individualität zurückzugeben, regte zahllose andere dazu an, das Netz als einen globalen, für höchst unterschiedliche Erinnerungsformen offenen Gedenkort zu gestalten. Inzwischen finden sich hier »Halls of Memory« und »Internet Cemeteries«, in denen Verstorbener individuell gedacht werden kann – durch Lebensläufe, Bilder, autobiografische Texte, Erinnerungszeugnisse von Verwandten und Freunden. Traueranzeigen im Netz nehmen ebenso zu wie diese virtuellen Gedenkorte.

In einem Diskussionspapier im März 2004 über die vielen neuen Herausforderungen evangelischer Bestattungskultur hat das Kirchenamt der Evangelischen Kirche in Deutschland denn auch jede pauschale Kritik der Virtualisierung des Totengedenkens vermieden und auf jüdische wie christliche Wurzeln digitalisierter Memoriae hingewiesen: »Das ewige Gedächtnis der Toten, bisher als Fähigkeit Gottes gesagt und als Glaubenstrost verkündet, wird gleichsam computeranimiert rekonstruiert... . Die Entwicklung läuft zu auf einen Abschied vom konkreten Grabmal bei gleichzeitiger ›Verewigung‹ der individuellen Biografien in medialer Form.« Gerade in diesen Individualisierungschancen liegt die große Faszination digitalisierten Totengedenkens. Jeder Einzelne kann hier insoweit ein postmortales Leben gewinnen, als er in zentralen (auto-)biografischen Zeugnissen digital präsent bleibt.

Der Tod als Weltverbesserer

Wie weit Lebensformen und Umgang mit Tod und Sterben in der modernen Welt in die Vergangenheit hineinreichen und zum Teil dort ihre Wurzeln haben, hat die Kulturwissenschaftlerin Marianne Gronemeyer in ihrem Essay *Das Leben als letzte Gelegenheit* ausführlich aufgezeigt: Demnach sind es nicht Neugier und Vernunft, die den modernen Menschen hervorgebracht haben, sondern es ist die Angst vor dem Tod, die unser Lebensgefühl, unser Selbstverständnis bis heute prägt. Im 16. Jahrhundert betrat der Mensch als »Macher« die Bühne: »Erhobenen Hauptes, taten- und erkenntnisdurstig, durch und durch Akteur. Im Erwachen aus dem Dämmerzustand seiner vormodernen Existenz hatte ihm zu dämmern begonnen, wozu er fähig war, nämlich zur Umgestaltung der Welt nach seinen Plänen und nach seinem Willen.« Sein Auftreten war begleitet von Selbstbewusstsein und Zuversicht, seine ungeheure Anstrengung der Weltverbesserung ist eine Kampfansage an den »heillosen Tod«, der in der Großen Pest die europäische Bevölkerung heimsuchte.

Nur in dem Maße, in dem der Einzelne seine Eigenart und seinen Eigensinn entfaltet, gewinnt er Lebenssinn. Seine Freiheit besteht darin, sich zu verwirklichen, und sein Risiko darin, an dieser Selbsterschaffung zu scheitern. Dem neuzeitlichen Individuum ist die »Sorge um sich« grundlegend aufgetragen, und der Einzigartigkeit des Individuums wird in der Folge ein absoluter Wert beigelegt. Das allein macht den Ernst, der die Gestalt umgibt, jedoch nicht aus. Der Preis für die Individualisierung ist eine durch nichts gemilderte Konfrontation mit der eigenen Vergänglichkeit. Die Tatsache, dass sich das Individuum dadurch, dass es sich an die Stelle Gottes setzt, der Hoffnung auf das Jenseits beraubt, macht den Tod zu einem endgültigen Ende.

Doch allmählich ernüchtert sich der Blick, wird kühl und abschätzend wie bei einer Musterung von Material. Die Welt da draußen wird zum *Projekt*; es geht nur noch um das zu Machende. Wenn der Tod nicht mehr aus der Hand Gottes kommt, dann ist er ein Verhängnis der Natur; oder, wenn man sich die Natur weniger machtvoll denkt, ein Übel, ein Makel, der ihr anhaftet. Der Mensch, der an seine schöpferische und selbstschöpferische Fähigkeit zu glauben begonnen hat, wird sich daranmachen, sich eine zweite, verbesserte Natur zu schaffen. Als sich der abendländische Mensch angesichts eines feindseligen Todes auf sich selbst gestellt sah, als er sich für seine Sicherheit selbst zuständig fühlte, eröffneten sich ihm zwei Wege, die in ganz verschiedene Richtungen führten. Sie lassen sich an den Positionen zweier in ihren Auffassungen gegensätzlicher Denker illustrieren, wie Marianne Gronemeyer ausführt: Michel de Montaigne und René Descartes.

Über den Tod schreibt Michel de Montaigne um 1580: »Lasst uns also denselben mit unverrücktem Fuße erwarten, und uns zur Gegenwehr setzen. Und damit wir ihm seinen besten Vortheil abgewinnen, so wollen wir einen ganz andern Weg erwählen, als man gemeiniglich geht. Wir wollen ihm das Fremde nehmen, wir wollen Bekanntschaft mit ihm unterhalten, wir wollen uns an ihn gewöhnen, wir wollen nichts so oft als den Tod in den Gedanken haben, wir wollen ihn unserer Einbildungskraft alle Augenblicke und unter allen möglichen Gestalten vorstellen.« Der Tod ist unausweichlich, und er ist Teil unseres Lebens sowie die Bedingung neuen Lebens: »Macht andern Platz, gleichwie euch andere Platz gemacht haben«, lautet die Mahnung Montaignes in *Philosophieren heißt Sterben lernen*.

Was nun die Lebensführung angeht, so kann jemand gelebt haben, wie er will, die Todesfurcht ist in jedem Falle gegenstandslos: Wer sein Leben Augenblick für Augenblick recht genützt hat, kann auch in jedem beliebigen Moment lebenssatt sterben. Wer es aber ungenützt verstreichen ließ, dem ist es ohnehin zu nichts nütze. Warum sollte er es festhalten? Jedoch wird dem Todesfürchtigen nicht Todesvergessenheit angeraten, er wird nicht zur Sorglosigkeit ermuntert. Damit hat Montaigne nichts im Sinn. Sie ist es gerade, die die Menschen so anfällig macht für die Furcht und die dem Tod so viel Macht über die Lebenden gibt. Man muss des Todes allzeit gewärtig und zur »Abreise gerüstet« sein.

Diese Vorstellung vom Tod, den man nicht bekämpft, sondern dem man entgegengeht und den man als selbstverständlichen Teil des Lebens akzeptiert, findet sich zu Beginn des 18. Jahrhunderts in Schilderungen wie jener vom Tod der Madame de Rhert, die Philipe Ariès in seiner *Geschichte des Todes* zitiert: »Sie selbst hat ihr Leichenbegräbnis vorbereiten, ihr Haus in Schwarz hüllen und im voraus Messen für die

Ruhe ihrer Seele lesen lassen und ihre Angelegenheiten geordnet – und dies alles, ohne dass ihr das Geringste fehlte. Als sie schließlich alle notwendigen Anordnungen getroffen hatte, um ihrem Gatten alle Besorgnisse zu ersparen, mit denen er ohne diese Voraussicht belastet gewesen wäre, starb sie am Tag und zur Stunde, die sie bezeichnet hatte.« Damit der Tod sich auf diese Weise ankündigen konnte, durfte er nicht plötzlich eintreten. Wenn er sich nämlich nicht im Voraus bemerkbar machte, hörte er auf, zwar furchtbare, aber doch wohl oder übel erwartete und willig hingenommene Notwendigkeit zu sein. Er setzte dann die Ordnung der Welt, an die jedermann glaubte, außer Kraft. In dieser mit dem Tod so vertrauten Welt war der plötzliche Tod hässlich und gemein; er flößte Angst ein – ein fremdartiges und schreckliches Phänomen, an das man lieber gar nicht dachte. Der hässliche und gemeine Tod war im Mittelalter nicht nur der plötzliche und absurde Tod, sondern auch der heimliche Tod ohne Zeugen oder Zeremonien, der Tod des Reisenden unterwegs, des zufällig vom Blitz getroffenen Nachbarn.

Die vertraute Einfachheit ist einer der beiden unabdingbaren Wesenszüge des rituellen Todes. Der andere ist seine Öffentlichkeit, die sich bis zum Ende des 19. Jahrhunderts erhalten hat. Ende des 18. Jahrhunderts klagten Ärzte und Hygieniker über die sich in den Sterbezimmern drängenden Menschenmengen. Allerdings ohne großen Erfolg. Noch zu Beginn des 19. Jahrhunderts konnte jeder, sogar ein der Familie Unbekannter, sich dem Priester auf der Straße anschließen und das Haus eines Sterbenden betreten.

In einer von Veränderung geprägten Welt wie der unseren bietet die traditionelle Einstellung zum Tode den Eindruck eines Walles von Trägheit und Kontinuität.

Unsere Alltagswirklichkeit hat diesen Wall inzwischen derart abgetragen, dass wir sogar Mühe haben, ihn uns auch nur vorzustellen und begreiflich zu machen. Die alte Einstellung, für die der Tod nah und vertraut und zugleich abgeschwächt und kaum fühlbar war, steht in schroffem Gegensatz zur unsrigen, für die er so angsteinflößend ist, dass wir ihn kaum beim Namen zu nennen wagen.

5
Den Tod neu denken

Ungewissheiten aushalten

Es gibt drei Möglichkeiten, sich mit dem Tod auseinanderzusetzen: Man kann ihn in der ersten Person als persönliches und unvorhersehbares Schicksal, das jeden trifft, annehmen. Darüber lassen sich allerdings die wenigsten öffentlich aus, obwohl viele häufig daran denken: »Leben heißt sterben lernen«, wie Montaigne sagt. Eine Auseinandersetzung mit dem Tod in der zweiten Person findet statt, wenn der Verlust eines geliebten Menschen einen Taumel aus Kummer und Schmerz auslöst, in den sich manchmal Gefühle von Schuld, von Selbstmitleid oder auch von Erleichterung mischen. Sich mit dem Tod in der dritten Person auseinanderzusetzen heißt, ihn als ein alltägliches Ereignis zu behandeln, das sich vielfältig deuten lässt und institutionell ganz unterschiedlich behandelt wird.

Schließlich kann man Betrachtungen darüber anstellen, in welcher Weise der Tod sich auf die Lebenden auswirkt. Denn der Tod ist zwar eine sehr persönliche Erfahrung, aber er ist auch ein wichtiges gesellschaftliches Ereignis, vielleicht das einzige, das in allen Gesellschaften ritualisiert worden ist. Allgemeiner betrachtet aber bedeutet jeder Tod, dass die Karten unter den Lebenden neu gemischt werden: Eine soziale Identität verschwindet und muss neu besetzt, ihre Rollen und ihr Eigentum müssen neu verteilt werden, eine Beziehung ist getrennt worden, und die Zurückgebliebenen müssen sich ohne sie orientieren und das Leben neu erlernen.

Der Tod darf keine Leerstelle sein, die man auslässt. Weder persönlich noch gesellschaftlich. Er soll uns vielmehr zwingen, uns den Fragen zu stellen, die in seinem Gefolge auftauchen: Wie hätte ich mir die Sterbestunde gewünscht? Was hätte ich gern gesagt und getan? Welche Form der Bestattung hätte mir wirklich gutgetan? Wir müssen den Tod wieder begreifen lernen, auch im wörtlichen Sinne.

Sterben ist ein Weg, eine Reise, ein Übergang von einem Zustand, den wir als Lebende kennen, zu einem, von dem wir nichts mit Gewissheit sagen können. Wir müssen Entscheidungen treffen und Ungewissheiten aushalten. Tod und Sterben sind mit Gefühlen der Ohnmacht und des Ausgeliefertseins verbunden, aber auch mit Gestaltung und Einwilligung. Nicht der Arzt kann entscheiden, wie wir sterben wollen; nicht der Bestatter oder der Pfarrer kann vorgeben, wie wir trauern dürfen. Es geht darum, die Handlungsspielräume wieder zurückzugewinnen, die wir haben – auch und gerade im Umgang mit Tod, Abschied und Trauer.

Trauer-Power: Die Kraft der Trauer

In Deutschland wird immer noch viel zu wenig über Tod und Trauer nachgedacht. Wir wollen nichts damit zu tun haben – und leiden zugleich an der Angst vor dem großen Unbekannten, das Sterben und Tod geworden sind. Doch die Trauer ist nicht unser Feind, sondern vielmehr eine Zuflucht, eine Art Schutz, und sie kann, kann man sie annimmt, zu einem positiven Lebensereignis werden. Durch Trauer – und nicht trotz ihrer! – kann es zu Wachstum kommen. Bei Tod und Trauer geht es um ein Grundthema des Menschseins, um den Umgang mit scheinbar unerträglichen Situationen. Es gibt grundsätzlich zwei Möglichkeiten, auf Krisen zu reagieren. Man kann klagen: »Warum passiert gerade mir das? Womit habe ich das verdient? Wie konnte das geschehen? Es ist so schrecklich, das überstehe ich nicht!« Man kann aber auch sagen: »Ich habe nicht erwartet, dass mir so etwas Schreckliches widerfährt. Aber nun ist es geschehen, es liegt nicht in meiner Macht, es ungeschehen zu machen. Vor mir liegt eine äußerst schwierige und schmerzhafte Zeit – was kann ich tun, damit es mir gelingt, sie zu meistern?« Es ist wichtig, die Aufmerksamkeit auf das Problem und auch auf seine Entstehung zu wenden – schließlich aber auch über die Frage nachzudenken, wie es konkret und praktisch gelöst werden könnte.

Was ist der Sinn der tiefen Traurigkeit, die Hinterbliebene empfinden? Traurigkeit hilft, den Tod eines uns nahestehenden Menschen zu bewältigen, indem sie dafür sorgt, dass der Betroffene die Aufmerksamkeit nach innen richtet. Wer traurig ist, nimmt eine Auszeit und zieht sich aus der Geschäftigkeit des Alltags zurück. Man hat Gelegenheit, in Ruhe nachzudenken und sich dadurch an die neue Situation anzupassen.

Insofern müssen wir Trauern als Kraft begreifen lernen. Wie können wir mit Trauer leben? Können wir überhaupt damit leben? Müssen wir uns wirklich bemühen, so schnell wie möglich mit dem Trauern fertig zu werden, damit wir dann endlich wieder leben können? Oder ist es nicht eher umgekehrt: Dass wir aus der Fähigkeit zu trauern viele Kräfte gewinnen, die unsere Leben bereichern. Denn mit der Trauer leben, statt gegen sie oder um sie herum, ist eine anstrengende, aber heilsame Erfahrung.

Trauerprozesse sind Phasen, die nicht nur mit heftigen Gefühlen verbunden sind. Sie regen uns auch dazu an, Freiräume und neue Lebensmöglichkeiten zu entdecken. Im Lauf der Trauerjahre verlagert sich der Schwerpunkt des Trauerprozesses. Zunächst sind es die schweren und verlustbetonten Aspekte, später immer mehr das Anerkennen dessen, was ein Mensch mit seinem Leben und Sterben dem eigenen Leben gegeben hat. So wandelt sich auch das, was mitten im Leben von der Trauer sichtbar wird. Ist es zunächst viel Schmerz und Einsamkeit, so werden es im Lauf der Zeit Lebensweisheit, Geduld und die Fähigkeit, mit Erinnerungen umzugehen.

Unser Abschied, unsere letzten Ruhestätten sollen unsere Individualität widerspiegeln.

Wenn wir Wert darauf legen, unseren eigenen Tod zu sterben, den Abschied von unseren Nächsten so individuell zu gestalten, wie wir das eigene Leben leben wollen, dann ist es höchste Zeit, dass wir den Tod nicht mehr aus dem Leben ausklammern und jeden Gedanken daran von uns weisen. Vielmehr sollten wir das, was uns im Zusammenhang mit Sterben und Trauer beunruhigen könnte, endlich einmal zu Ende denken. Es ist hilfreich, sich auch emotional mit dem Tod vertraut zu machen, und zwar rechtzeitig, bevor der Ernstfall eintritt – ein Ernstfall, von dem wir mit absoluter Sicherheit wissen, dass er eines Tages eintreten wird. Eine solche innere Vorbereitung ist Fürsorge und Vorsorge im besten Sinne. Sie sagt uns, mit welchen Entscheidungen uns der Ernstfall konfrontieren wird. Eine Vorbereitung nimmt nicht schon vorweg, wie wir uns entscheiden werden, aber sie verhindert kopfloses Zustimmen und erlaubt stattdessen ein Innehalten. Wenn sich Hinterbliebene in den Zeiten der Trauer wirklich Zeit nehmen, dann werden sie erkennen, was sie brauchen, um den Verlust zu verkraften – und wie sie verhindern, dass aus einem Trauerfall eine Katastrophe wird.

Wer sich mit dem Tod vertraut gemacht hat, ist nicht länger hilflos im Umgang mit Trauernden. Es ist unvermeidbar, dass wir im Freundeskreis, am Arbeitsplatz oder in der Nachbarschaft Menschen begegnen, die einen schweren Verlust erlitten haben und deshalb Verständnis und Beistand brauchen. Häufig ist ihnen schon damit geholfen, dass sie in ihrer Trauer wahrgenommen und nicht gemieden werden.

Wir gewinnen viel, wenn wir uns die Fähigkeit aneignen, mit Krisen und Verlusterfahrungen umzugehen, mit denen wir häufiger denn je konfrontiert sind. Sterben bedeutet für jeden etwas Einzigartiges, dem wir mit Ehrfurcht begegnen sollten, nicht mit Furcht. Der Einfluss, den wir nehmen können, ist der auf unsere Gedanken und inneren Bilder, auf unsere Erfahrungen. Es genügt nicht, sich theoretisch mit dem Thema Sterben auseinanderzusetzen. Das Begreifen des Todes muss eine sinnliche Erfahrung sein. Kein Zweifel: Bilder berühren – aber sie berühren uns persönlich nur für den Moment. Wir müssen dem Tod im Alltag wieder begegnen können, nicht nur virtuell und theoretisch.

Es geht darum, Sterben und Trauer anzunehmen und zurückzubringen in die Mitte der Gesellschaft. Wir müssen uns unserer Toten wieder annehmen, den Tod persönlich nehmen, Feierlichkeiten und Beerdigung selbst aktiv gestalten und, wo nötig, auch bürokratische Hürden in

Frage stellen, um bei Gestaltung und Zeitplan mehr Freiraum zu schaffen für den Einzelnen. Trauer ist eine wertvolle Phase der Veränderung und muss als solche angenommen werden. In den folgenden Kapiteln möchte ich zeigen, was man vom Tod und von der Trauer für die Bewältigung von Lebenskrisen lernen kann und was wir gewinnen, wenn wir zu einer neuen Sterbekultur finden; einer Sterbekultur, die den Tod, die Trauer nicht ausgrenzt, sondern zurückholt. Und ich möchte den Menschen, die in ihrem beruflichen Umfeld dem Tod begegnen – Medizinern, Pflegenden, Seelsorgern, Bestattern, Polizisten – Hinweise geben, die sie besser auf den Umgang mit Hinterbliebenen vorbereiten. Ich will dazu ermutigen, die eigenen Handlungsspielräume zu entdecken und sie zu nutzen. Es geht mir darum zu zeigen, was fehlt, wenn der Tod, wenn Trauer in unserer Alltagserfahrung keinen angemessenen Platz mehr einnimmt. Was uns fehlt, wenn es um Sterben, Tod und Trauer geht.

Tod und Trauer haben nicht nur eine private Dimension, sondern auch eine betriebswirtschaftliche und ökonomische, die Argumente dafür liefert, das Thema nicht nur in Sonntagsreden aufzugreifen und es ansonsten auszuklammern. Auch für Unternehmen ist es wichtig, sich mit dem Thema Trauer zu befassen: Betriebsräte, Personalchefs, Betriebsärzte und Manager sind Menschen, deren Kompetenz gefragt ist, wenn ein Mitarbeiter trauert. Wir leben in einer Zeit, in der die Zahl der älteren Arbeitnehmer drastisch ansteigt, in der Burn-out zur Volkskrankheit geworden ist und immer mehr Menschen wegen psychischer Leiden ihrer Arbeit fernbleiben. Wir müssen lernen, was Trauer bedeutet und wie das berufliche Umfeld dazu beitragen kann, den Zeitraum der Beeinträchtigung zu verkürzen und das positive Potenzial im Trauerprozess zu nutzen.

Aus der Begegnung mit dem Tod gewinnen wir wertvolle Einsichten darüber, wie wir die Veränderungsprozesse gestalten können, die wir im Leben zu bewältigen haben. Es ist nicht möglich, den Umgang mit Tod und Trauer isoliert zu betrachten. Er wird beeinflusst von anderen Entwicklungen – und er beeinflusst umgekehrt das Leben in der Gesellschaft. Das heißt: Wenn wir anders mit Tod und Trauer umgehen, dann hat das Folgen, die über diesen Erfahrungsbereich hinausgehen. Wenn wir dem Tod einen Platz im Leben geben, dann verändert sich dieses Leben dadurch. Es verändert sich mindestens so gravierend, wie der Tod das Leben des Einzelnen verändern kann. Die Wiederaneignung des Todes und der Toten hat weitreichende Konsequenzen für die Gesellschaft und ihre Werte.

Es geht darum, dass wir uns Tod und Trauer wieder zu eigen machen und sie in den eigenen Lebens- und Handlungshorizont integrieren, anstatt sie an Experten zu delegieren. Für eine andere Kultur des Sterbens und Trauerns müssen wir selbst die Verantwortung übernehmen, und wir müssen uns bemühen, die fehlende Wirklichkeit des Todes zurückzugewinnen. Dafür braucht es Mut.

Teil II

6
Der Trauer eine Heimat geben

Ein Ort der Begegnung

Trauer braucht eine Heimat, braucht Erlaubnis, Zeit und Raum. In unserer Kultur aber findet sie in der Regel hinter verschlossenen Türen statt. Wie groß hingegen das Bedürfnis nach Gemeinschaft ist, wird spürbar, wenn, wie im Fall des Torwarts Robert Enke oder von Prinzessin Diana, öffentliche Trauer eine – hier durch die Medien erteilte – Erlaubnis erhält.

Viele Menschen werden heute fünfzig Jahre und älter, ohne dass sie je eine echte Leiche gesehen hätten. Dennoch glauben die meisten, eine konkrete Vorstellung vom Tod zu besitzen – liefert das Fernsehen nicht jeden Tag jede Menge Tote frei Haus? An die Stelle der persönlichen Erfahrung sind Bilder getreten, die nicht der Realität des Sterbens entsprechen, sondern vor allem dem Bedarf der Medien: dramatische Bilder. Das führt dazu, dass die meisten Kinder heute erschreckende Vorstellungen vom Sterben und vom Tod haben. In Schweden hat man beispielsweise vor einigen Jahren im Rahmen einer wissenschaftlichen Untersuchung herausgefunden, wie stark die Realität des Fernsehens diese Vorstellungen prägt. Auf die Frage: »Woran, glaubst du, werden deine Eltern einmal sterben?«, antwortete eine Mehrzahl der Kinder ohne Zögern: »Die werden erschossen.«

Wer glaubt, nur Kinder seien von einer solchen verzerrten Wahrnehmung der Wirklichkeit betroffen, irrt. Kinoleichen haben mit den »echten« Leichen der Abendnachrichten eines gemein: Egal, was uns präsentiert wird, wir bleiben passive Zuschauer und können als solche unsere Gefühle nach Bedarf rationalisieren und relativieren. Wir erschrecken vielleicht, sind erschüttert, entsetzt. Wir schütteln den Kopf über so viel Grauen in der Welt. Aber wir können unsere Emotionen auch schnell wieder zurückdrängen. Denn die Bilder der Leichen bleiben genau das: Bilder. Sie haben nicht annähernd die Wirkung, die eintritt, wenn man sich mit einem Toten im selben Raum aufhält. Nur wer den Unterschied nicht kennt – und das sind heute die meisten – kann denken, er weiß genug über Tod, Tote und Trauer, um auf die persönliche Erfahrung ganz verzichten zu können. »Das werde ich mir nicht antun, das kenn ich auch schon aus dem Fernsehen.« Das ist der große Irrtum, der verhindert, dass die Normalität des Sterbens und damit auch die konstruktive Kraft der Begegnung mit dem Tod im Alltag einen angemessenen Platz bekommen.

Der Passus »Von Beileidsbekundungen bitten wir abzusehen« findet sich inzwischen in vielen Todesanzeigen. Wenn man sich die Heftigkeit der Trauerbekundungen früherer Zeiten vor Augen führt, kann man die Bedeutung des Schweigens ermessen, das Trauernde heute oft umgibt. Ich sehe darin eine Bankrotterklärung: Der Satz bringt zum Ausdruck, dass Trauernde sich keinen Trost mehr von ihren Mitmenschen erwarten. Trauern war früher eine Sache der Gemeinschaft. Menschen kamen unaufgefordert in das Haus, in dem jemand gestorben war. Heute wird ein solcher Ort eher gemieden. Bei allem, was wir aus unserem normalen Leben an Leid und Verlusterfahrungen kennen: Wenn wir Menschen begegnen, die ein Kind, einen Partner, die Mutter oder den Vater verloren haben, betreten wir eine fremde Welt. Die Worte, die wir in unserem Repertoire haben, beschreiben diese Welt möglicherweise nicht angemessen. Wie man eine solche Annäherung zustande bringt, dafür gibt es nur wenige Regeln und schon gar keine Routine.

Menschen, die in Berufen arbeiten, in denen sie mit Tod und Sterben konfrontiert werden, erleben die ersten »realen« Begegnungen als Schock, auf den sie nicht hinreichend vorbereitet wurden. Unter diesem Mangel leiden nicht nur sie selbst, sondern auch die Angehörigen der von ihnen versorgten und nun verstorbenen Menschen, die im Ernstfall nicht wagen, genauer hinzusehen. Es ist daher wichtig, sich auch auf institutioneller Ebene den Themen Tod und Trauer zu widmen. Aus der täglichen Praxis der von mir initiierten privaten Trauerakademie weiß ich, dass dieser wichtige Themenkreis ncht allein staatlichen oder institutionellen Einrichtungen überlassen werden darf. In regelmäßigem Erfahrungsaustausch mit international führenden Trauerforschern sammle ich Wissen, dass auf Tagungen und Konferenzen der Öffentlichkeit zugänglich gemacht wird.

So mancher Bestatter wird die Tätigkeit eines Trauerbegleiters bestenfalls belächeln oder als Geschäftemacherei diffamieren. Im Mittelpunkt seiner Arbeit steht im Allgemeinen der Verstorbene, die Trauernden rücken in den Hintergrund.

Die Wirklichkeit des Todes zu begreifen ist eine Aufgabe, die ganz am Anfang eines Trauerprozesses stehen muss, und sie kann durch äußere Umstände erleichtert oder unmöglich gemacht werden. Ein erster Schritt hin zu einer neuen Sterbe- und Trauerkultur besteht daher in der Schaffung eines Raumes für die Begegnung der Lebenden mit »ihren« Toten. Die besten Voraussetzungen für einen konstruktiven Trauerprozess entstehen, wenn wir beim Sterben eines geliebten Menschen an seiner Seite sein können und auch danach die Möglichkeit haben, nach eigenem Bedürfnis Zeit in Gegenwart des Toten verbringen zu können. Dieses Ansehen, Fühlen und Erleben ist durch nichts zu ersetzen. Wenn wir uns einem fremden Takt anpassen müssen, empfinden wir Hilflosigkeit. Keine Kontrolle zu haben, belastet Menschen weit mehr, als stark gefordert zu sein, dies haben zahllose Studien gezeigt. Wirklichkeit braucht darüber hinaus die Bestätigung durch Zeugen, die zuhören, bestätigen, sich auseinandersetzen und ihr Wissen beisteuern.

Grundsätzlich können Menschen, die das Sterben selbst miterlebt haben, sich besser mit dem Geschehenen abfinden. In manchen Krankenhäusern und Pflegeheimen ist es heute möglich, die Gestorbenen selbst zu waschen und anzukleiden, einige Stunden bei ihnen zu verbringen und so Abschied zu nehmen. Etliche Bestattungshäuser bieten spezielle Räume an, in denen die Toten aufgebahrt werden, sodass Verwandte und Freunde, die das möchten, sich in aller Ruhe verabschieden können. Hier können Trauernde mit anderen über den Menschen sprechen, der gestorben ist, ihre Erinnerungen austauschen und ihre Gefühle teilen, und sie haben Gelegenheit, mit der oder dem Toten allein zu sein, die Veränderungen des toten Körpers zu erleben und so im besten Wortsinn zu begreifen, was das heißt: Dieser Mensch ist gestorben. Sie können sich Dinge von der Seele reden, die noch gesagt werden müssen, von Wut und Enttäuschungen, von Dankbarkeit und Liebe sprechen. Sie können streicheln und berühren, weinen und lachen, dem Toten etwas in die Tasche stecken oder unter die Decke, was ihn oder sie auf dem langen Weg begleiten soll. Sie können den Raum mit Blumen oder Kerzen schmücken, sie können alte Fotos ansehen und langsam Abschied von dem toten Körper nehmen.

Ein Trauerritual ist wie ein Bilderrahmen

An die Stelle von überlieferten Ritualen können persönliche Rituale treten, die jede und jeder Trauernde für sich allein oder mit einem kleinen Kreis vertrauter Menschen erfindet. »Es muss feste Bräuche geben«, sagt der Fuchs in Antoine de Saint-Exupérys Roman *Der kleine Prinz*. »Es ist das, was einen Tag vom andern unterscheidet, eine Stunde von den anderen Stunden.« Ein Ritual, wie simpel es auch sein mag, zieht eine Grenzlinie um eine Aktivität wie einen Rahmen um ein Bild. Gefühle brauchen einen Rahmen. Um die Kraft zu nutzen, die wir daraus schöpfen können – für uns selbst und andere. Um die Erfahrung des Todes, des Verlusts, der Trennung in eine Stärke zu verwandeln. Indem wir durch sie hindurchgehen. Die Krise bestehen. Die Augen öffnen anstatt sie zu verschließen und die Kraft zu verschwenden, die in der Angst gebunden ist. Wie starke Liebe macht starker Schmerz mutig und angstfrei, zwingt uns innezuhalten und hinzuhören.

In den letzten Jahren hat sich gezeigt, wie groß das Bedürfnis nach individuellen Abschiedsritualen ist, die die Leere einer genormten Begräbniskultur füllen können. Traditionelle, alte und selbst erfundene, neue Rituale müssen nicht im Widerspruch zueinander stehen. Manche Beerdigung besteht aus einer Mischung von alten und neuen Ritualen, und durch den Freiraum, den selbst gestaltete Handlungen eröffnen, bekommen auch die alten Handlungen wieder neue Bedeutung. Solche Rituale können einen Trauerprozess über viele Jahre hinweg begleiten.

Jeder Mensch trauert anders. Folglich soll jeder das machen, was ihm oder ihr in dieser Zeit das stärkste Bedürfnis ist: weinen, mit dem Toten reden, einen Brief schreiben, Musik hören, vielleicht ein Video von der letzten Geburtstagsfeier ansehen. Um den Tod zu begreifen, braucht man die reale Nähe und reale Zeit mit dem Toten. Erfahrene Trauerbegleiter wissen, dass Trauernde vor allem Ermutigung brauchen. Ermutigungen der Art: »Tun Sie genau das, was Ihnen Ihrer Meinung nach guttun könnte.« Auf viele Menschen wirkt das wie eine heilsame Befreiung. Aber Angehörige brauchen auch die Information, dass die letzte Begegnung mit dem Toten nicht etwas ist, das man möglichst schnell hinter sich zu bringen hat. Im Gegenteil. Diese letzte Begegnung ist etwas sehr Kostbares. Die Zeit zwischen dem Tod und der Bestattung besitzt einen besonderen Wert. Anstatt sich auf einen beschleunigten, betäubenden Erledigungsparcours zu begeben, ist es hilfreicher, ausgiebig Abschied zu nehmen. Dieses Abschiednehmen kann sich gerne, wenn möglich, nicht über Stunden, sondern über Tage hinweg erstrecken. Die Bereitschaft Trauernder, aktiv und bewusst zu selbst gewählten Bestattungsformen und als passend empfundenen Trauerritualen beizutragen, wächst erkennbar.

Die Erfahrung, die ein Mensch beim Tod eines ihm Nahestehenden macht, braucht auch die Anerkennung durch andere. Das Sprechen über den gestorbenen Menschen und die Art seines Sterbens ist wichtig. Gedanken und Gefühle, die sich nur in der Vorstellung des Trauernden abspielen, bleiben viel unwirklicher als solche, die mit anderen geteilt werden. In früheren Zeiten war es in der Regel der Pfarrer oder »Seelsorger«, der bei der Bewältigung des Todes Beistand geleistet hat; heute wird diese Rolle zum Teil durch Psychologen, Therapeuten oder auch ausgebildete Trauerbegleiter übernommen – ein klassisches Beispiel dafür, wie sich neue, säkularisierte Formen entwickeln, um Bedürfnisse zu stillen, die die in der religiösen Gemeinde nicht mehr mit der früheren Selbstverständlichkeit aufgehoben sind.

Die Entwicklung der Psychotherapie und die Rolle, welche die Psychotherapie, speziell die Psychoanalyse, in unserer modernen Gesellschaft spielt, ist ein Paradebeispiel dafür, wie sich eine Gesellschaft neue Formen sucht, um religiöse Bedürfnisse zu befriedigen. Verblüffend ist zuweilen, wie im Kaleidoskop der vielfältigen psychotherapeutischen Richtungen und Angebote auch archaische Totenvorstellungen wieder zum Vorschein kommen: So gibt es heute sogenannte »Familienaufstellungen«, in denen die Gegenwärtigkeit auch längst verstorbener Familienangehöriger für die Lösung von Problemen herangezogen wird. Ein Signal dafür, dass auch in der Moderne die Verbindung zwischen den Lebenden und »ihren Toten« weiterlebt.

Ob wir als Trauernde die Wirklichkeit eines Todes begreifen und verarbeiten können, hängt auch davon ab, ob wir in unseren Alltagsbeziehungen, in der Familie, am Arbeitsplatz, in der Nachbarschaft die Unterstützung bekommen, die wir brauchen. Das setzt voraus, dass wir eine Vorstellung davon haben, was Trauer bedeutet. Wir wissen heute so wenig über Trauer, dass sich viele, wenn sie in die Situation kommen, fragen: »Ist mein Verhalten normal?« Zu dieser Verunsicherung trägt eine Reihe von Vorstellungen davon bei, wie Menschen auf einen Todesfall reagieren (sollten). Wahr ist jedoch: Obwohl Hinterbliebene ganz unterschiedlich trauern, ist letztlich fast jeder in der Lage, den Tod eines geliebten Menschen zu verkraften.

»Für die meisten von uns ist Trauer weder erdrückend noch permanent«, sagt George Bonnano, klinischer Psychologe an der New Yorker Columbia University, der seit fast zwanzig Jahren die verschiedensten Aspekte von Trauer erforscht. Bonanno fand (bei aller Variabilität) drei besonders häufige Muster, wie Menschen auf einen schmerzhaften Verlust reagieren: Etwa 10 Prozent verfallen in eine chronische Trauer, ihr Zustand scheint sich im Laufe der Zeit nicht zu bessern, und ihre Sehnsucht nach der geliebten Person nimmt nicht ab. Weitere 10 Prozent der Hinterbliebenen leiden ebenfalls stark unter dem Verlust, jedoch nur einige Monate lang. Danach sind sie psychisch größtenteils wieder gesund, wobei ein Rest von Schmerz bleibt. Den größten Anteil machen nach Bonnano jedoch Personen aus, die über das verfügen, was man als

»Resilienz« beschreibt, die also belastbar und stabil sind: Auch sie verspüren zunächst Schmerz und Traurigkeit, doch sie entwickeln die Fähigkeit, diese zu überwinden und zurück ins Leben zu finden. Entscheidend ist, dass sie sich individuell auf einen Prozess der Verarbeitung einlassen.

Trauer braucht Vertrautheit

Es gibt unterschiedliche Modelle, wie Trauerprozesse gedeutet werden können. Der inzwischen in die Alltagssprache eingegangene Begriff der Trauerarbeit geht auf Sigmund Freud zurück: Trauer-»arbeit« besagt, dass Trauern kein passiver, sondern ein aktiver Prozess ist und entsprechend ein aktives Handeln erfordert. Trauer ist eine normale Reaktion auf einen Verlust, die mit einem tiefen Schmerz, nachlassendem Interesse an der Außenwelt und eingeschränktem Leistungsvermögen verbunden ist. Trauer kann nicht umgangen oder gar »ausgemerzt« werden. Die schmerzliche Aufgabe des Trauernden besteht darin, seine Energie (Freud prägt den Begriff »Libido«) und damit seine Aufmerksamkeit aus der Verknüpfung mit dem verlorenen Menschen zu lösen.

Ein gelungener Trauerprozess ist nach Freud dadurch gekennzeichnet, dass im Laufe der Zeit eine Loslösung erfolgt, sodass auch anderen Menschen oder Weltinhalten wieder Liebe und Aufmerksamkeit entgegengebracht werden kann. Diesen Vorgang nennt Freud in *Totem und Tabu* Trauerarbeit: »Die Trauer hat eine ganz bestimmte psychische Aufgabe zu erledigen, sie soll die Erinnerungen und Erwartungen der Überlebenden an den Toten lösen.«

Trauer lässt sich demnach in vier Aufgaben einteilen, die auch für andere, weniger dramatische und tiefgehende Verlusterfahrungen typisch sind: Die erste Aufgabe besteht darin, die Wirklichkeit des Verlusts anzunehmen; die zweite Aufgabe umfasst das bewusste Erleben der Gefühle, die mit dem Verlust verbunden sind; die dritte Aufgabe besteht in der Anpassung an die neue Situation, die mit dem Verlust entstanden ist; die vierte Aufgabe schließlich umfasst die Einordnung des Verlusterlebnisses und seine Integration in die Lebenesgeschichte. Diese vierte Aufgabe eröffnet einen neuen Zugang zu dem, was als Ziel eines Trauerprozesses verstanden wird. Neben das, was verabschiedet und losgelassen werden kann, tritt etwas, das bleibt und die Trauernden auf ihrem weiteren Lebensweg begleitet – die Erinnerung an den Verstorbenen und die gemeinsame Zeit.

Ein Trauerprozess setzt Ruhe und Zeit voraus. Trauernde brauchen die Gewissheit des Geborgen- und Akzeptiertseins, um diese Ruhe zu finden, und sie brauchen das Gefühl, dafür Zeit zu haben. Beides ist in unserer Sterbe- und Trauerkultur nicht mehr vorgesehen. Dem Tod und der Trauer eine Heimat geben heißt, es dem Einzelnen zu ermöglichen, so Abschied zu nehmen, wie es für ihn richtig ist. Heimat ist nicht einfach nur irgendein Ort; sondern ein Ort, an dem man sich so vertraut fühlt, dass man sich mit dem Unvertrauten, Unheimlichen, das der Tod für uns bedeutet, persönlich auseinandersetzen kann. Wenn die Voraussetzungen dafür gegeben sind, ist das Zuhause der beste Ort, um sich in aller Ruhe zu verabschieden und auch Verwandte, Freunde und Nachbarn dazu einzuladen. Denn selbst in den Bestattungshäusern, die ein sogenanntes Abschiedszimmer eingerichtet haben, werden die Angehörigen selten ermutigt, die Zeit bis zum Begräbnis zu nutzen und immer wieder zu kommen.

Jeder Mensch trauert anders, was bedeutet: Jeder Mensch braucht etwas anderes. Trauerphasen sind nicht geradlinig, sondern gleichen eher einer Spirale. Vergangene Ereignisse werden immer wieder in Erinnerung gerufen und in Gedanken befragt, aber mit der Zeit verändert sich der Blickwinkel und damit auch die Bedeutung und die Bewertung dessen, was geschah. Häufig ist eine Lebensbilanz Teil eines solchen Prozesses. Trauerwege kennen keine Gleichförmigkeit und keinen Stillstand. Trauer kennt keinen geraden und einzig richtigen Weg. Die Gefühle, die mit Verlusterfahrungen verbunden sind, füllen Zeiträume aus – und diese Zeiträume muss man ihnen *einräumen*.

Im Krankenhaus ist die Versorgung Verstorbener im Wesentlichen ein administrativer, hygienischer Vorgang. Von dort werden die Verstorbenen vom Bestatter abgeholt, der übliche Weg führt oft viel zu schnell direkt zum Friedhof, manchmal mit einem Zwischenaufenthalt im Bestattungshaus. Zwar sagen die meisten Bestatter, es sei möglich, den Verstorbenen noch einmal zu sehen. Doch in der Regel stehen für diese letzte Begegnung gerade kaum mehr als zehn Minuten in einer gekühlten Halle oder in einem Abstellraum im Krankenhaus zur Verfügung. Viele Angehörige kommen gar nicht auf die Idee, dass sie sich den Toten auch vom Krankenhaus wieder in die eigenen vier Wände bringen lassen könnten. Dazu tragen unter anderem bis heute gängige Vorstellungen wie die Legende vom »Leichengift« bei.

Sind Leichen giftig? Nein! Ein gesunder Verstorbener ist so giftig wie ein gesundes totes Huhn. Es gibt kein Leichengift. Zwar entstehen durch den Fäulnisprozess Toxine als Abbauprodukte von Eiweißen, sogenannte Alkaloide, ein Kontakt mit diesen Alkaloiden ist jedoch ungefährlich und eine schädliche Wirkung durch Berührung oder Einatmung von »Leichengift« ist ausgeschlossen. Dennoch gilt der Leichnam in vielen Kulturen sofort nach Eintritt des Todes als »unrein« und gefährlich. In Europa wurde die Vorstellung vom Leichengift vor allem durch zwei pseudowissenschaftliche Theorien des 18. Jahrhunderts bekräftigt: Von der Antike bis ins 19. Jahrhundert hat man Gerüche – vor allem Fäulnis- und Verwesungsgerüche – für das Entstehen von Krankheiten verantwortlich gemacht. Im 18. Jahrhundert entwickelte Johann Joachim Becher die sogenannte »Fäulnistheorie«. Die Fäulnistheorie war eine Geruchsklassifikation, die dem Arzt bei der Diagnose von Krankheiten helfen sollte. Als besonders gefährlich galten der Fäulnistheorie zufolge die Ausdünstungen frisch Verstorbener. Erst durch die Erfindung des Mikroskops und die Entwicklung der Bakteriologie durch Louis Pasteur um 1880 erkannte man Keime als Krankheitserreger.

Wie stark die Angst vor dem Tod durch krankmachende Dämpfe war und wie psychosomatisch man darauf reagierte, zeigen die Ereignisse rund um die Öffnung einer halbverwesten Leiche in einem Seziersaal der Medizinischen Fakultät in Paris anlässlich einer Prüfung von vier Studenten: Der erste Kandidat fiel wegen der Ausdünstungen gleich zu Beginn in Ohnmacht, beim zweiten zeigte sich ein Hautausschlag.

Neben der Fäulnistheorie lieferte die Theorie der fixen Luft eine Grundlage für den Leichengift-Mythos und die Geruchsparanoia der Europäer. Chemiker des 18. Jahrhunderts erklärten den Verwesungsprozess mit der Annahme der »fixen Luft«. Sie fragten sich nicht, warum ein toter Körper verwest, sondern, warum ein lebendiger Körper sich nicht zersetzt. Als Erklärung formulierten sie die Hypothese der fixen Luft: Diese »fixiert« den lebenden Körper und verhindert so seinen Zerfall. Nach Eintritt des Todes entweicht die »fixe Luft« und führt zur Zersetzung. Die »fixe Luft« galt natürlich als besonders gefährlich. Zusätzlich glaubte Ignaz Semmelweis, »der Retter der Mütter«, die Ursache des Kindbettfiebers im »Leichengift« erkannt zu haben, das seiner Überzeugung nach Medizinstudenten nach der Leichensektion auf Frauen übertrugen, die im Kindbett lagen. Da man nicht von Keimen, sondern von Gerüchen als Krankheitsursache ausging, war es damals für Ärzte und Krankenhausbedienstete nicht üblich, sich die Hände zu waschen, wenn sie gleichzeitig mit Leichen und mit lebenden Patienten zu tun hatten. Als vorbeugend und heilend galt daher nicht Hygiene durch Desinfektion und Händewaschen, sondern man rückte den üblen und krankmachenden Gerüchen mit Düften und Parfums zu Leibe. Wasser kam wegen seiner Geruchsneutralität zur Reinigung nicht in Frage: Ärzte wuschen sich (wenn überhaupt) nach Leichen- oder Patientenkontakt mit Parfums und Lotionen. Von warmen Bädern riet man dringend ab, weil sich dadurch angeblich die Poren der Haut öffneten und die verdorbene Luft in den Körper eindringen konnte. Diese pseudowissenschaftlichen Theorien sind heute längst widerlegt, und doch ist die Angst vor dem »Leichengift« immer noch spürbar. So treffen Angehörige und Pflegekräfte, die beim täglichen Umgang mit Sterbenden eher sorglos mit der Hygiene umgegangen sind, nach Eintritt des Todes plötzlich extreme Schutzvorkehrungen. Eine Altenpflegerin erzählte beispielsweise, dass sie, nachdem ein von ihr betreuter Mensch gestorben war, einen Ganzkörperschutz anzog, um diesen in den Kühlraum zu bringen.

*

Wenn über den Niedergang der Trauerkultur geklagt wird, wird in erster Linie der Trend zur anonymen Bestattung als Beleg herangezogen. In den neuen Bundesländern liegt ihre Quote inzwischen bei 30 Prozent aller Begräbnisse. Tote, die spurlos verschwinden, sind pflegeleicht: Sie fallen niemandem mehr zur Last und entbinden die Angehörigen von der Verpflichtung, das Grab in Ordnung zu halten.

Wer sich anonym bestatten lässt, denkt aber oft nicht nur praktisch, sondern erfüllt die Anforderungen einer mobilen Gesellschaft – wie soll der Sohn oder die Tochter, die vielleicht Hunderte von Kilometern weit weg wohnen, die Grabpflege leisten? Es sind vernünftige Beweggründe, die für eine anonyme Bestattung angeführt werden. Jedoch ist der Umgang mit Sterben und Tod eine Angelegenheit, bei der man sich bestenfalls vordergründig von vernünftigen Überlegungen leiten lässt. Die Realität des Totenkults wird durch Gefühle geschaffen, auch wenn dies in unsere moderne Kultur nicht mehr zu passen scheint. So sehen viele Kulturwissenschaftler im Trend zur anonymen Bestattung weniger eine Vernunftentscheidung als den Spiegel einer grenzenlosen Vereinsamung: Menschen habe Angst davor, vergessen zu werden – doch wo kein identifizierbares Grab ist, kann es auch nicht vernachlässigt werden. Unabhängig davon, ob jemand seine Angehörigen von Pflichten entlasten oder mit Schuldgefühlen belasten will, wird es sich meist um eine einsame Entscheidung handeln. In einer Familie, in der es kein Tabu ist, über den Tod zu sprechen, werden die wenigsten damit einverstanden sein. Denn Trauern ohne einen Ort, an dem man dem Verstorbenen begegnet, ist für viele unvorstellbar.

Anonyme Bestattungen sind, falls sie mit einer Trauerfeier verbunden sind, kaum billiger als traditionelle Beerdigungen. Lediglich die Kosten für Grabkauf und Grabpflege entfallen. Doch die finanzielle Seite ist selten entscheidend für die Wahl dieser Bestattungsform, es sind die veränderten Werte, die sie heute immer attraktiver erscheinen lassen. Doch oft ist dieser Trend nichts anderes als ein stummer Schrei, eine Behandlung des Todes, die ein bezeichnendes Licht auf die Gesellschaft wirft – eine Gesellschaft, in der der Tod nicht stattfinden darf und seine Realität geleugnet wird.

Die anonyme Bestattung ist Sinnbild einer Kultur, die sich mit der Endlichkeit des Lebens möglichst nicht belasten will. Ähnliche Motive halten Menschen häufig davon ab, ein Testament zu machen. Sie vermeiden die Auseinandersetzung mit ihrem eigenen Sterben und scheuen sich darüber hinaus, die Beziehungen zu ihren nächsten Angehörigen zu klären. Vielen ist es offenbar gleichgültig geworden, ob sich ihre Angehörigen nach ihrem Tod gut verstehen oder sich wegen des Erbes in die Haare geraten. Sie verzichten darauf, ihrem Leben einen bewussten Abschluss zu geben. Diese Haltung erweist sich für viele Hinterbliebene als zusätzliches Problem: Sie müssen Unerledigtes ordnen und sich mit dem abmühen, womit sich der Verstorbene zu seinen Lebzeiten nicht befassen wollte.

Sich Zeit nehmen zum Trauern

Heute werden in Deutschland etwa 37 Prozent der Verstorbenen eingeäschert, in Japan sind es 99 Prozent. Selbstverständlich kann auch ein Urnengrab ein Ort der lebendigen Erinnerung sein, sofern es als Begräbnisstätte eines bestimmten Verstorbenen identifizierbar ist. Beinah ebenso wichtig, wie einen Ort der Begegnung zu haben, ist es, sich Zeit für das Trauern zu nehmen. Gerade das fällt den Menschen heute besonders schwer. Zeit, wer hat noch Zeit? Die gängige Erfahrung mit Zeit ist, dass sie fehlt. Zwar sind wir, gemessen an Lebensjahren, »reicher«, als Menschen es je zuvor waren. Keiner Generation vor uns war eine so lange Lebensspanne und so viel Freizeit beschert. Dennoch gibt mehr als ein Drittel aller Deutschen an, unter Zeitknappheit zu leiden. Wie nie zuvor ist unsere Gesellschaft heute besessen von der Idee, jede Minute zu nutzen. So beschleunigt sich der Takt des Lebens, oft bis an die Grenzen unserer Belastbarkeit. Erschreckend ist dies vor dem Hintergrund neuer Erkenntnisse aus der Neurobiologie: Das Gefühl, ständig unter Druck zu stehen, bedeutet Stress. Chronischer Stress kann das Gehirn dauerhaft in Mitleidenschaft ziehen; er schadet der Gesundheit und mindert die Lebenserwartung.

Besonders heimtückisch ist die Hetze, wenn es um einzigartige, nicht wiederholbare Erfahrungen und Ereignisse geht wie den Tod eines nahen Angehörigen. Denn wie wir mit Zeit umgehen, hat großen Einfluss darauf, wie wir sie empfinden. »Zeit ist das Element, in dem wir existieren«, sagte einmal die amerikanische Dichterin Joyce Carol Oates. »Wir werden entweder von ihr dahin getragen oder ertrinken in ihr.« Obwohl die Zeit unser ganzes Dasein steuert, ist sie nicht die Zeit, die wir empfinden. Die innere Zeit ist unabhängig vom Lauf der mechanischen ebenso wie der biologischen Uhren. Das Bewusstsein erzeugt sich seine eigene Zeit – die innere Zeit. Sie ist gleichsam der Puls unserer Seele. An ihr messen wir alles, was wir wahrnehmen, denken, empfinden.

Weise in West und Ost legen uns ans Herz, die Aufmerksamkeit auf den Augenblick zu richten. »Wandelt in der Gegenwart Gottes«, riet Benedikt von Nursia seinen Mönchen. Der Weg zum Seelenheil liege darin, sich mit allen Sinnen und ungeteilt auf das einzulassen, was man gerade hört, sieht oder tut, schrieb Benedikt in seiner Ordensregel, der ältesten des Abendlandes. In der östlichen Tradition lautet die entsprechende Empfehlung: »Leben in Achtsamkeit.« Schon vor mehr als 2500 Jahren hat der Buddha diese Weisheit verkündet. Sich ganz der Gegenwart zuzuwenden, nannte er den vorletzten Schritt auf dem edlen achtfachen Pfad zur Erleuchtung. Die Weisen wussten, wie leicht gesagt und wie schwer getan das ist. Der vietnamesische Mönch und Dichter Thich Nhat Hanh schildert eine kleine Begebenheit: Als er einmal mit einem Freund unter einem Baum saß und Mandarinen aß, erzählte dieser von seinen Zukunftsplänen und stopfte sich währenddessen achtlos die Obststücke in den Mund. Ins Reden vertieft, schob er schon den nächsten Bissen nach, bevor er mit dem Kauen des vorigen begonnen hatte: »Es war so, als ob er überhaupt keine Mandarine gegessen hätte. Wenn er irgendetwas gegessen hatte, dann vielleicht seine Zukunftspläne.«

Indem wir unserer Zeit mehr Leben geben, geben wir auch dem Leben mehr Zeit. Das hängt mit den Gesetzen der Erinnerung zusammen. Vergangene Erfahrungen formen die Persönlichkeit; wir sind gewissermaßen aufgespulte Zeit. Doch an welcher Stelle entscheidet sich, ob ein Augenblick in unserer Erinnerung kristallisiert oder uns für immer entgleitet? Die zweite Stufe des Gedächtnisses passiert eine Information nur dann, wenn sie so wichtig erscheint, dass sie uns lange, intensiv und wiederholt beschäftigt. Nur in diesem Fall kann sie ins Langzeitgedächtnis gelangen. Alles andere wird gelöscht, damit sich im Kopf nicht zu viel unnützes Wissen ansammelt. Deshalb kann die Erinnerung kein fotografisches Abbild der Vergangenheit sein. Erinnerung ist nicht gespeicherte Gegenwart. Wenn eine Erfahrung Erinnerung wird, verwandelt sie sich. In der bewusst erlebten Erfahrung von Trauer verwandelt sich der Mensch, um den wir trauern, in einen »inneren Begleiter«.

In unserer von Arbeitseifer geprägten Gesellschaft gilt Zeitvergeudung als die schlimmste aller Sünden, wie der Soziologe Max Weber angemerkt hat. Der Sozialpsychologe Robert Levine weist auf die besondere Bedeutung hin, die fernöstliche Kulturen dem Raum zwischen Gegenständen und Tätigkeiten zumessen. Wo ein westlich sozialisierter Mensch nur sinnlose Leere empfindet, sehen Japaner »ma« – einen Raum »voll von Nichts«, von dem eine produktive Kraft ausgeht. Die spirituellen Schulen aller östlichen Kulturen haben aus solchen Konzepten praktische Empfehlungen abgeleitet. Der weiter oben schon zitierte Zen-Meister Thich Nhat Hanh formuliert es so: »Statt zu sagen: ›Sitz nicht einfach nur da; tu irgendetwas‹, sollten wir das Gegenteil fordern: ›Tu nicht einfach irgendetwas; sitz nur da.‹«

Erinnerungen formen die Persönlichkeit. Lebendig wird die Vergangenheit nur für den, der sich selbst als Akteur darin sieht. Die Autobiografie eines Menschen entsteht dadurch, dass ihm bewusst ist, unter welchen Umständen er diese oder jene Erfahrung gemacht hat. Wenn das Gehirn eine Erfahrung zum Speichern in ihre Teilinformationen zerlegt, merkt es sich Orte, Farben, Formen, Gefühle, Töne, Düfte, Geschmack. Die Zeit aber wird nicht kodiert. Ebenso wenig wie eine Uhr im Kopf existiert, führt das Gehirn einen Kalender.

Der Schriftsteller Marcel Proust hat dieses Phänomen so genau, so bildhaft und ausführlich beschrieben wie kein anderer. Am Ende seines Romans *Auf der Suche nach der verlorenen Zeit* erinnert sich der Erzähler an den Klang eines Glöckchens, das er einst als Kind in seinem Elternhaus hörte. Dann fällt ihm auf, dass er dieses Läuten »noch im Ohr hatte, diese Geräusche selbst, obwohl sie doch so weit in der Vergangenheit lagen. (...) Um diese Stimme möglichst aus großer Nähe zu hören, war ich gezwungen, tiefer in mich selbst hinabzusteigen. Also lag dieses Klingen noch immer in mir und zudem zwischen ihm und dem gegenwärtigen Augenblick die ganze, unendlich breit entfaltete Vergangenheit, von der ich gar nicht wusste, dass ich sie in mir trug.« Mit Recht spricht Proust von den »vorübergegangenen und von uns doch nicht getrennten Jahren«. In der Begegnung mit Tod und Trauer machen wir die Erfahrung, dass die Bindung an andere mit deren Tod nicht endet. Die Toten sind in der individuellen und kollektiven Erinnerung Teil des Lebens.

7

Der Tod und die Liebe

Was Sterbehemd und Brautkleid gemein haben

Der Tod kommt, wann er will. Was danach kommt, ist allerdings in Deutschland keineswegs dem Willen der Trauernden überlassen. Im Gegenteil. Für den Umgang mit Toten, für Bestattungen und Friedhöfe gelten enge Regeln. Von einer freien Entfaltung der Persönlichkeit kann nicht die Rede sein. Darf man dem toten Vater seine Lieblingspantoffeln anziehen? Dürfen Kuscheltiere mit in den Sarg? Kann man diesen auch anders als nur mit Blumen schmücken? Ihn vielleicht selbst bauen? All das sollte individuell gestaltet werden dürfen, denn unser Abschied, unsere letzten Ruhestätten sollen unsere Individualität widerspiegeln.

Wenn wir Wert darauf legen, unseren eigenen Tod zu sterben, dann ist es höchste Zeit, den Abschied von unseren Nächsten genauso individuell zu gestalten, wie wir unser Leben leben wollen. Es gilt daher, das Gefühl der Ohnmacht zu überwinden und die Handlungsspielräume, die sich bieten, so weit wie möglich auszuschöpfen. Doch viele wissen überhaupt nicht, wie viel Gestaltungsfreiraum sie haben, wenn sie mit dem Tod eines Angehörigen konfrontiert werden. Sie wollen es vielleicht auch gar nicht wissen, sondern gehen lieber den bequemen Weg. Der Bestatter bringt einen Katalog mit, aus dem der Sarg und das Hemd ausgewählt werden können, der Pfarrer schlägt die Lieder und Texte vor, mit denen er die Trauerfeier gestalten wird. Die Zeit ist kurz, und in der Regel sind die Hinterbliebenen viel zu benommen, um sich mit all diesen Fragen zu befassen und eigene Gestaltungsvorschläge zu machen.

Die enge Trauerreglementierung, die wir mit Sarg- und Friedhofszwang in Deutschland haben, ist eine Bevormundung, die nicht mit öffentlichem Interesse zu begründen ist – einziger »Sachzwang« scheint der Umsatz von Kommunen, Bestattern und Sargherstellern zu sein. Sicher: Die kulturellen Konventionen und Regelungen bieten Schutz vor einem pietätlosen Umgang mit Sterbenden und Toten. Niemand würde wollen, dass es jedermanns Privatangelegenheit wäre, ob er einen toten Angehörigen irgendwo entsorgt wie einen kaputten Kühlschrank. Doch die Frage ist, wie eng die Grenzen gesteckt werden müssen. Das Sterbehemd so sorgsam und individuell auszuwählen wie das Brautkleid ist keine Frage der Pietät, sondern der Zuwendung, der aktiven Auseinandersetzung mit dem Toten als einzigartiger Person. Darauf hinzuweisen und Betroffene dazu zu ermutigen, wäre auch Aufgabe des Bestatters. In einer individualisierten, pluralisierten Gesellschaft müssen wir individuelles Sterben und Trauern ermöglichen und unterstützen.

Gefühle wie Liebe und Trauer sind sowohl individuell als auch in zeitlich veränderlichen, kulturellen Bezügen verankert – weshalb sie sich wandelnde »Rahmen«, Ausdrucksmöglichkeiten brauchen. Jeder Mensch hat seine eigenen Vorstellungen davon, wie er Abschied nehmen möchte. Dem muss die Gesellschaft Rechnung tragen und Wege finden, trauernde Angehörige bei der Bewältigung ihres Verlustes zu unterstützen. Oft existieren auch unrealistische Vorstellungen darüber, in welchem Zeitraum ein solcher Verlust verarbeitet werden kann. Seit man nach dem Verlust eines geliebten Menschen nicht mehr, wie es früher üblich war, Trauer trägt, ist auch das »Trauerjahr« aus dem gesellschaftlichen Bewusstsein verschwunden. Schon gar nicht ist es gesellschaftlich erlaubt, den Verlust eines Menschen viele Jahre lang zu beklagen.

Seit die Trauer um einen Verstorbenen nicht mehr von einer größeren Gemeinschaft getragen wird, seit sie nur noch Familienangelegenheit ist – sofern eine Familie vorhanden ist – ist sie ins Verborgene gedrängt. Man trauert nicht mehr öffentlich, sondern hinter verschlossenen Türen. Man kontrolliert seine Gefühle, notfalls mit Hilfe von Medikamenten. Trauer gilt als Krankheit, nicht mehr als natürlicher Prozess, der Menschen hilft, einen Verlust zu verarbeiten und sich in der neuen Lebenssituation zurechtzufinden. Damit schwindet auch das Wissen darüber, wie Trauernde empfinden, wie man sie unterstützen kann und wann man sie am besten in Ruhe lässt. Man überlässt es den Trauernden selbst, den Weg aus der Krise zu finden.

Selten wird bedacht, dass ein Todesfall in der Familie genau wie die Geburt eines Kindes einen Wendepunkt darstellt – eine unvermeidbare Krisensituation. Und Menschen in Krisensituationen brauchen Unterstützung. Die Aufgaben, die mit Sterben und Tod zusammenhängen, liegen in den Händen von Experten, die jeweils für einen Teilaspekt zuständig sind, die ihre jeweils eigene, professionell geprägte Perspektive haben. Ärzte und Pflegedienstmitarbeiter betreuen Kranke und Sterbende; der Bestatter kümmert sich um die Leiche – wer aber fühlt sich für die Trauernden zuständig? Wer heute den Verlust eines nahestehenden Menschen zu verkraften hat, kann nur hoffen, dass er an einen Arzt, Therapeuten oder Seelsorger gerät, der sich mit dem Thema Trauer näher befasst hat. Umgekehrt ist es für die professionellen Helfer oft schwer, die Hinterbliebenen zu erreichen. Wie tritt man an die Trauernden heran, wenn sie keinen Bezug zur Kirche haben, wenn sie es gewohnt sind, nur bei massiven körperlichen Beschwerden den Arzt aufzusuchen oder sich im Büro krank zu melden, und nie auf die Idee kämen, sich mit dem Verlust aktiv und individuell auseinanderzusetzen?

Da Bestattungsunternehmen die einzigen Instanzen sind, die sich zwingend und konkret mit dem Tod befassen müssen, sind sie oft die einzigen Ansprechpartner für die Hinterbliebenen. Aber Bestattungsunternehmer sind im Normalfall keine ausgebildeten Trauerbegleiter. Sie können gegebenenfalls einen Arzt oder Seelsorger empfehlen – aber grundsätzlich liegt der Schwerpunkt ihrer Tätigkeit und Zuständigkeit nicht auf der Betreuung der Lebenden, sondern auf der Versorgung der Toten.

In der Beratung von Hinterbliebenen folgt die Branche bis heute festgelegten Standards, und der Wunsch nach individueller Gestaltung wird selten unterstützt. Das Totenhemd hat weiß zu sein, basta! Kaum einer käme auf die Idee, einer Witwe den Vorschlag zu machen: »Schauen Sie doch einmal in den Kleiderschrank Ihres Mannes und überlegen Sie, was ihm wichtig war, worin er sich wohlgefühlt hat.« Die Erfahrung zeigt, dass nur die wenigsten Bestatter auch nur daran denken, Beisetzung und Trauerfeier anders als im üblichen Rahmen auszurichten. Es herrscht die Tendenz, das Konventionelle zu fördern und das Ungewohnte abzulehnen. Ein Hinterbliebener, der sich für eine unpersönliche, standardisierte Bestattung entscheidet, kann ziemlich sicher sein, dass er bei niemandem aneckt. Der Ermessensspielraum wird vor allem als finanzieller wahrgenommen: Wie teuer darf der Sarg sein, mit Messing beschlagen? Wie aufwändig soll der Blumenschmuck ausfallen, weiße oder zartrosa Lilien? Unkenntnis über das, was möglich ist und in der Trauer hilft, herrscht bei den Betroffenen genauso wie bei denen, die es eigentlich wissen müssten, den Bestattern – schließlich sind die meisten Bestattungshäuser in Deutschland Familienbetriebe, viele davon schon seit Generationen. Aber offenbar wurde von dem ehemals vorhandenen Wissen darüber, was Trauernde brauchen, nicht viel weitergegeben.

Trauerrituale drücken in jeder Kultur die Verbundenheit zwischen den Lebenden und den Toten einer Gemeinschaft aus. Trauer setzt immer eine Beziehung voraus, mit allen ihren schlechten und guten Erfahrungen. Trauer lässt sich daher lesen als eine Fortsetzung der Liebe nach dem Tod, als Aufmerksamkeit und aktive Zuwendung. Wir können nur trauern, wenn wir eine Beziehung zum Verstorbenen gehabt haben. Wir können nur verlieren, was wir hatten. In der Liebe wären wir empört, wenn andere uns vorschreiben würden, wie wir zu lieben und unserer Liebe Ausdruck zu verleihen haben, was erlaubt ist und was nicht. Von solchen Zwängen haben wir uns glücklicherweise längst befreit, in Bezug auf die Trauer steht der Befreiungsschlag noch aus.

In der Liebe wie in der Trauer hat jeder seine eigenen Ausdrucksformen. Dieses Selbst-Ausdrücken ist essenziell. Trauer ist wie Liebe eine tief bewegende Emotion. Sie bringt Menschen zum Innehalten, zu einer veränderten Perspektive. Trauer ist mehr als ein Gefühl, dem wir ausgeliefert sind, sie ist eine persönliche Aktivität, ein Handeln. Anders als Trauernde früher müssen sich Trauernde heute ihre eigenen Regeln vorgeben – und finden dafür kaum hilfreiche Vorbilder. Keine Gemeinschaft steht ihnen zur Seite, das heißt, sie müssen selbst herausfinden, wie sie ihre Gefühle leben wollen Diese Freiheit eröffnet viele Möglichkeiten, ist für viele Trauernde aber auch eine Überforderung. Der Tod eines nahen Menschen beeinflusst und verändert das Leben von Betroffenen. In ihrer Lebensgeschichte spielt der Tod eine Rolle, und das müssen auch diejenigen akzeptieren, die diese tiefgreifende Erfahrung noch nicht gemacht haben.

Abschied als Anfang einer neuen Verbundenheit

Abschied nehmen ist ein aktiver Vorgang. Wir sollten niemanden dazu drängen, etwas Außergewöhnliches zu tun, aber wir sollten jeden dazu ermuntern, das zu tun, was ihm persönlich am besten entspricht. Dabei kann es durchaus hilfreich sein, auf vorhandene Rituale oder Angebote zurückzugreifen; es müssen aber auch Freiräume geschaffen werden, eigene Rituale zu entwickeln. Auch wenn sich der Sinn der Handlungen für andere vielleicht verschließt, gilt wie in der Liebe: Je persönlicher der Ausdruck ist, desto befreiender und belebender ist die Wirkung.

Solche Rituale müssen nicht spektakulär sein. Zentrales Element im Umgang mit Tod und Sterben ist das Abschiednehmen. Wie im Alltag der Gruß am Anfang der Begegnungen steht, so steht der letzte Abschied von einem Verstorbenen am Anfang eines Prozesses, in dem die Hinterbliebenen die Erfahrung machen, dass der Tod nicht das Ende, sondern eine Veränderung der Verbundenheit mit dem Toten ist. Ob Mutter oder Ehemann, Kind oder Freund, sie alle bleiben Teil seiner Lebensgeschichte. Im Abschiednehmen ziehen Hinterbliebene Bilanz: Was haben wir gemeinsam erlebt? Was war wertvoll in unserer Beziehung, was war schwer erträglich? Die Antworten darauf helfen, einen Schlusspunkt zu setzen. Alle Gefühle, auch die widersprüchlichen, gehören in diese erste Phase der Trauer. Abschied nehmen heißt auch, seinen Frieden mit dem Toten zu machen.

Das Berühren der Leiche ermöglicht es uns, den Unterschied zwischen tot und lebendig zu begreifen – die Tatsache des Todes zu ertasten. Dazu kann auch das Ankleiden der Toten gehören. Es zeugt von tiefem Respekt, den Leichnam in ein Behältnis zu legen, das selbst gebaut oder gestaltet wurde. Zu einem persönlichen Abschied können auch Sargbeigaben gehören – Symbole, Gegenstände, Bilder, Briefe und andere individuelle Zeugnisse des gelebten Lebens oder der Beziehung. Ein Bild oder ein Brief spiegelt eine sehr persönliche Form von Verbundenheit. Darin kann alles ausgedrückt werden, was es noch zu sagen gibt, was vielleicht unausgesprochen geblieben ist. Was hat ein Mensch Bleibendes im Leben der anderen hinterlassen? Was hat sein Tod dem Leben derer, die weiterleben, hinzugefügt?

Den Sargdeckel selbst zu schließen, den Sarg oder die Urne selbst der Erde zu übergeben – all das sind Zeichen eines bewussten Abschiednehmens am Ende eines Lebensweges. Solche Rituale sind in vielen Varianten denkbar.

Viele Angehörige erleben nach Eintritt des Todes eine Phase der Sprachlosigkeit und Fassungslosigkeit. Gerade in dieser Situation kann es hilfreich sein, sich an der Versorgung des Leichnams aktiv zu beteiligen. Das gibt Betroffenen die Möglichkeit, sich eine konkrete und bildhafte Vorstellung vom Sterben und vom Tod zu machen und das Geschehen damit besser zu begreifen. Menschen, die in der Sterbebegleitung arbeiten, und erste fortschrittlich handelnde Bestattungsunternehmen legen deshalb großen Wert darauf, den Angehörigen viel Zeit sowohl mit den Sterbenden als auch mit den Gestorbenen einzuräumen.

In der Art, wie wir persönlich Abschied nehmen, spiegelt sich die Wertschätzung für den Verstorbenen – vergleichbar der Art, in der wir unsere Liebe zum Ausdruck bringen. Wir halten es für selbstverständlich, eine Hochzeit mindestens ein Jahr im Voraus zu planen, bis ins Detail vom Tischschmuck bis zur Musikauswahl. Wir geben viel Geld aus, um einen »unvergesslichen Tag« zu erleben. Zu Recht. Selbst wenn die Ehe – wie jede zweite inzwischen – nicht bis ans Lebensende hält, bleibt die Erinnerung an ein besonderes Fest, das wir so gefeiert haben, wie es der Bedeutung entspricht. Warum denken wir nicht ähnlich beim Abschied, dem »Abschlussball« des Lebens, der letzten gemeinsamen Feier mit einem Menschen, der uns im Leben so viel bedeutet hat? Wahrscheinlich, weil wir so unvertraut mit Tod und Sterben geworden sind, dass wir jede Abweichung vom Weg scheuen.

Alle persönlichen Rituale beim Abschiednehmen sind wichtig und hilfreich, denn sie setzen Zeichen in der sichtbaren Welt. Vielleicht sind sie deshalb vielen Trauernden peinlich, denn es wird ja von ihnen erwartet, dass sie ihre Trauer nicht allzu öffentlich zeigen. Aber die Menschen, die gestorben sind, brauchen einen neuen Platz – nicht nur im Innern der Trauernden, sondern auch ihrem sichtbaren Alltag

Geteilte Erinnerungen

Viele Trauernde, die eine Partnerin oder einen Partner verloren haben, beginnen im Lauf des ersten Jahres, ihre Wohnung gründlich zu renovieren und sich im wahrsten Sinne des Wortes »neu einzurichten«. Sie genießen es, sich nur nach ihren eigenen Wünschen richten zu können, Entscheidungen zu treffen, die die oder der Tote nicht gebilligt hätte, und vielleicht zum ersten Mal im Leben ihre Umgebung ganz nach dem eigenen Geschmack zu gestalten. Andere wiederum lassen alles so, wie es war, und dringen nur ganz behutsam in diesen Raum ein. Es kommt ihnen vor wie ein Sakrileg, die Dinge zu verändern; sie versuchen, das Andenken des Toten zu bewahren, indem sie an den Dingen, die ihn im Leben umgeben haben, nichts verändern. Was Trauernde von den Verstorbenen in ihre Zukunft mitnehmen und neu in ihr Leben einbetten, sind vor allem Erinnerungen und innere Bedeutungen. Aber auch Dinge können zum Ersatz für einen verstorbenen Menschen werden. So bewahren manche die letzten Kleidungsstücke auf, die dieser getragen hat.

»Es gibt keine Minute, in der ich nicht an ihn denke.« Oder: »Sie ist immer bei mir.« Sätze wie diese hört man von vielen Trauernden im ersten Jahr. Diese Erinnerungen helfen den Betroffenen, die Wirklichkeit anzunehmen. Der britische Soziologe Tony Walter hat 1996 einen Artikel über die Bedeutung des Gesprächs über die Verstorbenen veröffentlicht, in dem er die Konstruktion einer tragbaren und für viele akzeptablen Geschichte als eigentliches Ziel des Trauerprozesses beschreibt. Diese Geschichte, in der Erinnerungen gebündelt und interpretiert sind, gibt den Toten einen neuen und stabilen Platz im Weiterleben der Menschen, die sich an sie erinnern. Für Walter kann diese Geschichte nur im Austausch mit möglichst vielen anderen konstruiert werden, die diesen Menschen ebenfalls gekannt haben; sie sind der »Wirklichkeitstest« für die Erinnerungen. Walter beschreibt, wie nach dem Tod seiner besten Freundin die Gespräche mit ihren Freunden und Freundinnen sein grundsätzliches Bild von dieser Frau bestätigt haben, wie er aber auch neue Dinge erfahren hat, die ihm halfen, sie rückblickend besser zu verstehen.

Walters Ansatz kann man fast schon als revolutionär bezeichnen in einer Gesellschaft, in der möglichst wenig und schon gar nicht offen und kontrovers über die Toten gesprochen wird. Er schreibt, er habe zwei Monate lang kein Bedürfnis gehabt, mit Menschen zu sprechen, die seine Freundin nicht gekannt hatten oder nicht über sie reden wollten.

Trauernde suchen immer wieder das Gespräch über den Menschen, der gestorben ist, stoßen damit aber häufig auf Ablehnung statt auf Unterstützung. Der Wunsch, Erinnerungen lebendig zu halten und die Verstorbenen als Bestandteile des Lebens auch nach außen hin sichtbar zu machen, gilt in der klassischen Literatur über Trauer als pathologisch, also krank. Die meisten Trauernden haben das Bedürfnis, etwas von dem Toten in ihrem Leben zu behalten. Oft ist es ihnen erst möglich loszulassen, wenn sie das Bedürfnis nach etwas Bleibendem akzeptiert haben.

Trauerprozesse sind gekennzeichnet von heftigen Gefühlen und Schmerz. Aber jeder Trauerprozess beinhaltet auch das Entdecken von Freiräumen und neuen Lebensmöglichkeiten. Im Lauf der Trauerjahre verlagert sich der Schwerpunkt des Trauerprozesses. Zunächst sind es die schweren und verlustbetonten Aspekte, später immer mehr das Anerkennen dessen, was ein Mensch mit seinem Leben und Sterben dem eigenen Leben gegeben hat. So wandelt sich auch das, was mitten im Leben von der Trauer sichtbar wird. Ist es zunächst viel Schmerz und Einsamkeit, so werden es im Lauf der Zeit Lebensweisheit, Geduld und die Fähigkeit, mit Erinnerungen an den Toten umzugehen.

Die alten Kulturen lebten viel stärker als wir mit ihren Toten zusammen. Der Ahnenkult ist wohl die Frühform der Religion. Die Verbindung mit den Toten und das ständige dadurch eingeübte Hinausdenken über die eigene Lebenszeit bilden den Ursprung des kulturellen Gedächtnisses. Für die alten Ägypter war es vollkommen selbstverständlich, dass der Mensch immer nur ein Knotenpunkt in einem Beziehungsnetz ist – ein Gedanke, der heute in der systemischen Therapie Wiederauferstehung feiert.

Der Aufwand, mit dem frühere Kulturen den Tod als große Reise vorbereiteten, ist für uns heute kaum noch vorstellbar. Einer der aufsehenerregendsten Funde wurde 1974 in China, nördlich von Xi'an, gemacht: Dort stieß man auf das Mausoleum des Kaisers Qin Shihuangdi, der sich im Jahre 210 v. Chr. mit einer kompletten Armee von Tonsoldaten bestatten ließ. Jeder der mehr als 7 000 lebensgroßen Soldaten hat detailgetreu gearbeitete Gesichtszüge. Mehr als 30 Jahre lang hatten bis zu 700 000 Handwerker an dem Grabmal gearbeitet.

Besonders die alten Ägypter würden sich sehr wundern über eine Kultur, in der das Band zwischen Lebenden und Toten kaum sichtbar ist. Die ägyptischen Pyramiden sind Anlagen, die nicht nur dazu dienten, den Toten eine würdige Ruhestätte zu geben, sondern die vor allem dazu da waren, das Gedächtnis der Verstorbenen lebendig und gegenwärtig zu halten. Aus den ägyptischen Grabinschriften wird deutlich, dass der Sinn eines Grabbesuchs darin bestand, in Kontakt mit den Vorfahren zu treten. In den Gräbern wurden Briefe an Tote gefunden, die belegen, dass es sich bei ihnen um wichtige Mitglieder der Gesellschaft handelte. Man verstand sie gewissermaßen als Verbindungsleute zur Götterwelt: An die Toten wendete man sich in Krisenfällen der Familie und bat sie, bei den großen Göttern zu intervenieren, zu denen sie Zugang hatten. Sie spielten eine wichtige Rolle in der Weltsicht der Gesellschaft.

Nach der These von Jan und Aleida Assmann entwickelte sich das kulturelle Gedächtnis aus dem Totenkult und hat dort seinen Ursprung. Diese Deutung unterstreicht, dass nicht nur der Umgang mit anderen Menschen unsere innere Vorstellungswelt gestaltet, sondern auch der Umgang mit symbolischen Formen, in denen Ideen, Texte, Gedanken und Bilder objektiviert sind. Das ist das kulturelle Gedächtnis. Das Besondere des kulturellen Gedächtnisses ist, dass es den Lebenshorizont und die Lebenszeit überschreitet. Die greifbarste Form dieser Überschreitung der eigenen Lebenszeit ist die Verbindung mit den Toten, die im alten Ägypten intensiv ausgebildet war. Wir gehen mit Texten, mit Riten, mit Bildern um, die weit über unsere Lebens- und Generationsspanne hinausweisen. Die Vergangenheit gibt es nur in dem Maße, in dem wir uns ihrer erinnern.

Gräber sind Orte, die es vor dem Tod noch nicht gegeben hat. Vielen Trauernden fällt es leichter, sich mit diesem neuen Ort einzurichten. Am Grab empfinden sie Nähe zu dem Menschen, den sie vermissen. Es ist ein Stück »Wirklichkeit des Todes« und beruhigt in seiner Konkretheit die ständig wechselnden Gefühle, die Außenstehende oft rat- und hilflos machen, weil sie sich bis zu einem gewissen Grad auch selbst verändern müssen, wenn sie mit dem Trauernden verbunden bleiben wollen.

Trauerzeit ist Lebenszeit

Wie lange dauert Trauer? Wie lange darf sie dauern? Die Antwort, so viel steht fest, ist keine Zahl, die Tage, Wochen oder Monate als »Richtwerte« vorgibt. Trauer dauert so lange, wie sie dauert. Ausschlaggebend sind nicht die Dauer der mit dem Verstorbenen verbrachten Lebenszeit, die Umstände des Todes, die eigenen Lebensumstände. Ausschlaggebend ist in erster Linie die Bindung zu demjenigen, der betrauert wird. Das wird besonders deutlich, wenn Eltern um ein Kind trauern, das noch in der Schwangerschaft oder bei der Geburt gestorben ist.

Trauerzeit ist Lebenszeit. Trauerprozesse beschäftigen sich mit dem, was verloren gegangen ist, aber sie sind alles andere als »verlorene Liebesmüh«. Trauern *hat* etwas mit Liebe zu tun, wir trauern intensiv nur um Menschen, die uns etwas bedeutet haben. Diese Bedeutung kann aus einer Mischung verschiedener Gefühle bestanden haben, und genauso ist der Trauerprozess eine Mischung aus unterschiedlichsten, teilweise widersprüchlichen Gefühlen. Aber Trauern ist mehr als das Verarbeiten von Gefühlen. Es betrifft auch unsere tägliche Lebensgestaltung, unsere Lebensziele und unser Zusammensein mit anderen Menschen. Trauer mischt sich in jeden Lebensbereich ein. In jeder Straßenbahn und in jedem Großraumbüro sitzen Menschen, die trauern – wenn auch all zu oft unsichtbar.

Trauerprozesse bestehen aus vielen in sich widersprüchlichen Erfahrungen. Sie lehren uns, dass der Tod zum Leben gehört, dass wir uns erinnern müssen, um vergessen zu können, und dass wir ohne Vergangenheit keine Zukunft haben. Aber was kann an die Stelle der toten Mutter, des toten Bruders oder Kindes treten? Bindungen sind nicht austauschbar, an die Stelle eines gestorbenen Menschen kann kein Lebender treten, jede neue Bindung muss sich einen eigenen Platz im Herzen und im Leben des Trauernden schaffen.

Für viele Trauernde ist die »letzte Ruhestätte« des Verstorbenen der Ort, an dem in symbolischer Form viele seiner Freunde und Familienmitglieder bei ihm sind. Sie ist der Ort, der diesem Menschen und der Erinnerung an ihn gerecht wird. Neben diesem Ort in der sicht- und fühlbaren Außenwelt ist der »neue Platz« des Gestorbenen in den Gedanken und Gefühlen zu suchen.

Trauerforscher haben mehrere solcher neuen Plätze oder Rollen ausgemacht, die Tote im Bewusstsein der Weiterlebenden einnehmen können: So können sie als Vorbild dienen oder als gern erinnerter Teil des eigenen Lebens in der Biografie des Trauernden weiterleben. Die niederländische Trauerbegleiterin Ruthmarijke Smeding hat verschiedene mögliche Endpunkte eines Trauerprozesses beschrieben. »Integration« nennt sie die ständige Präsenz eines verstorbenen Menschen im Alltag, in den Gesprächen und Gedanken des Hinterbliebenen, wobei diese Präsenz als selbstverständlich und nicht als belastend empfunden wird.

Trauer ist unsere Antwort auf Sterblichkeit und Verlust. Wir gestalten unsere Trauerprozesse für uns allein, aber gleichzeitig auch inmitten der Gesellschaft, zu der wir gehören. Die persönliche Trauer eines jeden wird von den Meinungen und Gewohnheiten der Umwelt beeinflusst. Umgekehrt verändert jeder, der seine Trauer offen zeigt, seinerseits auch seine Umwelt. Eine Gesellschaft ohne Trauer ist arm, weil sie keinen Weg gefunden hat, mit Sterblichkeit und Verlusten umzugehen und das Band, das Lebende und Tote verbindet, zu erkennen und zu respektieren.

8
Jeder Abschied ist einzigartig

Individuelle Gestaltung statt Pomp

Heute kann ich mich nur über die naiven Vorstellungen wundern, die ich vom Bestattungswesen hatte, als ich ein traditionsreiches Bestattungshaus in Bergisch Gladbach übernahm. Der Tod war für mich von Kindheit an nie etwas Unnatürliches. Auf dem elterlichen Hof bin ich sehr früh mit dem Tod konfrontiert worden. Als ich sechs Jahre alt war, starb meine Oma. Sie hatte an diesem Tag noch nachmittags, wie es auf dem Bauernhof üblich war, mit allen Kaffee getrunken, danach die Milchkanne gespült und meinem Vater mitgeteilt: »Ich fühle mich nicht wohl, ich gehe nach oben.« Sie ging einfach in ihr Zimmer und legte sich ins Bett. Nach einer halben Stunde rief sie ihren Sohn zu sich und sagte: »Ich glaube, es geht dem Ende entgegen. Bitte ruf die Geschwister, ruf den Pastor.« Alle kamen zusammen, und wir konnten von ihr Abschied nehmen. Am Abend, zwei, drei Stunden später, war sie tot. Wir saßen um das Bett herum, es war nichts Bedrückendes, wir beteten, sprachen über sie, und sie blieb bis zum Tag der Beerdigung im Haus. Dann wurde sie abgeholt und von den Nachbarn zu Grabe getragen. Und es war eigentlich ein Fest. Wir Kinder waren traurig, aber wir wurden nicht, wie heute, von dem Leichnam ferngehalten. Wir waren einfach dabei.

Als ich das Bestattungshaus übernahm, hatte ich mir vorgestellt, so oder so ähnlich würden Menschen auch heute noch von ihren Verstorbenen Abschied nehmen. Mir war der Niedergang der Trauerkultur nicht bewusst geworden.

Was mich in meiner neuen beruflichen Heimat am meisten bedrückte, war der Umgang mit den Hinterbliebenen. Ich stellte sehr schnell fest, dass sich in den konventionellen Bestattungshäusern alles ausnahmslos um den Verstorbenen dreht. Die Notwendigkeit, den Angehörigen zu einem persönlichen Abschied, zu einem stimmigen Ritual zu verhelfen, wurde nicht erkannt. Fast alles wird den Hinterbliebenen aus der Hand genommen – es bleibt ihnen nur, über Details zu entscheiden, wie bei einem Autokauf: Vielleicht noch eine Chromleiste, eine Klimaanlage? »Von allem, was den Tod betrifft, stößt mich nichts ab – nur der Pomp, mit dem man ihn umgibt«, schreibt der französische Künstler Jean Cocteau und fährt fort: »Bestattungen verleiden mir die Erinnerung. Beim Begräbnis von Jean Giraudoux sagte ich zu Lestringuez: ›Gehen wir! Er ist nicht gekommen.‹«

Im unternehmerischen Sinne ist das durchaus logisch: Damit der Kunde zahlt, muss man ihm Angebote unterbreiten – nach dem Motto: Jetzt wollen wir mal den Opa richtig ausstaffieren, und eine pompöse Trauerfeier soll er auch haben. Dem Hinterbliebenen wird dadurch signalisiert: Du musst dir dann nicht nachsagen lassen, du hättest deinen Großvater vernachlässigt, ihn gar schlecht behandelt. Denn es ist ja augenfällig, dass du kräftig gezahlt hast. Jeder soll sehen, was er dir wert war. Gar zu viele, die in ihrem Beruf mit Toten zu tun haben, handeln danach.

Ich meine dagegen: Man kann dem Toten nichts Gutes mehr tun. Es ist der Trauernde, der im Mittelpunkt der Bemühungen stehen muss. Natürlich ist es wichtig, dass ein Körper würdig bestattet wird; doch teure Begräbnisse, riesige Kränze, aufwändige Särge und große Anzeigen sind dazu nicht notwendig, sie beeindrucken höchstens die Nachbarn. Von ungelösten Problemen in der Beziehung zum Verstorbenen kann man sich damit nicht freikaufen. Die Hinterbliebenen, nicht die Toten brauchen eine besondere Betreuung. Sie brauchen die Aufforderung: »Traut euch zu trauern! In der Familie, am Arbeitsplatz, auf der Straße. Mutet anderen eure Tränen zu!« Sie müssen in ihrem Wunsch bestärkt werden, die Erinnerung an den Verstorbenen lebendig zu halten, auch wenn ringsum bald tiefes Schweigen herrscht. Sie brauchen die Ermutigung, sich aktiv mit der neuen Realität auseinanderzusetzen, solange die unmittelbare Begegnung mit dem Verstorbenen noch möglich ist. Sie brauchen die Bestätigung, dass ihr Verlust vielleicht der größte, mit nichts zu vergleichende persönliche Verlust ist, ihr ganz persönlicher Katastrophenfall.

Deshalb gilt es, die Trauer wieder aus ihrem Versteck herauszuholen und in die Lebensräume, in den Alltag zurückzubringen. Die Trauer muss aus der Sterilität von Totenkammern und Friedhofskapellen in eine Umgebung zurückgeführt werden, wo das Leben zu Hause ist und wo sie – auch in der Gemeinschaft – erfahrbar gemacht werden kann. Es scheint ein ungeschriebenes Gesetz zu sein, dass der Anblick einer Bestattungsfirma Tristesse vermitteln muss. Warum ist das so? Warum muss sich in der Schaufensterdekoration eines Bestattungsunternehmens von heute das Ambiente von Trauerfeiern der 1950er Jahre widerspiegeln? Warum müssen es Büros mit Holztäfelung sein, gediegen, düster, gespenstisch? Warum spricht man mit Kunden, die gerade einen Menschen verloren haben, mit gedämpfter Stimme, als ob es um ein Geheimnis ginge, von dem möglichst niemand etwas erfahren soll? Warum benutzen viele Bestattungsunternehmen bis heute in ihrer Kommunikation eine gefühlsfreie Formelsprache? Es gibt keine zwingenden Gründe für die Art und Weise, wie sich Bestattungsfirmen präsentieren. Es gibt, weit eher, zwingende Gründe, daran etwas zu ändern.

Unsere Gesellschaft hat vieles verlernt, was einmal ganz selbstverständlich zum Umgang mit dem Tod und zur Trauerkultur gehört hat. Gemeinschaftliche Rituale bezogen sich nicht nur auf das Begräbnis, sondern genauso auf das Andenken an den Toten. Mit zunehmender Säkularisierung gibt es immer weniger Totenmessen, Jahresgedächtnisse und andere Anlässe, die es dem Einzelnen ermöglichen, sich in einer Gemeinschaft der Verstorbenen zu erinnern. Erst geht die Form verloren, dann der Inhalt. Heute kommt es uns naiv vor, wenn wir hören, dass man früher ein totes Kind ein Engelchen genannt hat. Aber ob naiv oder nicht, wenigstens wurde das Kind den Eltern gegenüber immer wieder erwähnt. Heute, so scheint es, müssen Eltern große Anstrengungen unternehmen, damit ihr Kind nicht vergessen wird. Die meisten von ihnen haben nicht nur den Verlust zu verkraften, sondern auch die schmerzliche Erfahrung, dass die Umwelt sich so verhält, als habe ihr Kind nie existiert.

Es gibt heute viele Wege, sich seine Toten stehlen zu lassen. Nicht nur durch die Gerichtsmedizin und die Entsorgungsmentalität, sondern auch durch das Schweigen der Gemeinschaft.

Kreativer Ungehorsam

Jeder Mensch ist einzigartig. Leider ist davon bei einem Spaziergang über die meisten Friedhöfe nicht viel zu spüren. Die genormten Einheitsgräber vermitteln Trostlosigkeit. Enge Vorschriften verhindern eine persönliche Gestaltung des Grabes. So darf zum Beispiel eine Skulptur eine bestimmte Höhe nicht überschreiten; auch die maximale Größe des Grundrisses ist festgelegt, weil die Grabfläche zu 80 Prozent mit Bodendeckern bepflanzt werden muss. Konformismus erstickt jede Kreativität; sie macht aus Gräberfeldern Steinwüsten.

Vieles ist denkbar, was viele heute noch für Spinnerei halten: Warum soll mit einem Friedhof nicht gleichzeitig ein Park geschaffen werden, ein Ort, an dem die Gemeinschaft der Lebenden und der Toten zusammenkommt? Was ich mir wünsche, ist wenigstens die Qualität alter Friedhöfe, die man so gern besucht, weil die Monumente der Erinnerung dort über das Leben derer erzählen, an die sie erinnern. Was ist an ihre Stelle getreten? Enge Vorschriften für Grabsteine. Keine Schnörkel. Kein Hinweis auf das, was dem Verstorbenen wichtig war. Keine Skulptur, kein Tier. Katholische Friedhöfe verlangen ein christliches Symbol auf dem Stein, andernfalls wird er nicht genehmigt. Auf kommunalem Grund sind die Einschränkungen nicht geringer. So entsteht ein Einheitsbild – die typische Marmorwand mit Eselsrücken, breiter als hoch. »Familie Schmitz«, Ende. Mehr erfährt man nicht. Eine Gleichschaltung über den Tod hinaus, eine Vorstufe zur Anonymität.

Spaziergänge über moderne Friedhöfe sind langweilig. Viele Anlagen sind in ihrer Größe und Unüberschaubarkeit nicht einmal sicher – kein Wunder, dass ältere Frauen sich dort nicht wohlfühlen. Was tun, damit wieder Kreativität auf den Friedhöfen sichtbar wird? Vor allem: Mut zeigen. Sich trauen, einen eigenen Entwurf für den Grabstein einzureichen.

Vieles davon ist noch Utopie. Der Friedhof als Park, womöglich irgendwann eine freie Friedhofsordnung. Aber warum sollte in Deutschland nicht möglich sein, was sich in anderen europäischen Ländern bewährt hat? Wir sind sofort bereit, über Veränderungen in unserem Wirtschaftsleben nachzudenken, die im Zuge der Europäisierung und Globalisierung als nötig wahrgenommen werden. Doch wenn es um die individuelle Gestaltung des letzten Abschieds geht, folgen wir dem liberalen Beispiel vieler Nachbarländer nicht. Kaum hundert Kilometer von meiner Heimat entfernt ist es beispielsweise erlaubt, die Asche eines Verstorbenen mit nach Hause zu nehmen, sie auszustreuen, in einem Fluss oder auf einer Wiese. Selbst vergleichsweise exzentrischen Wünschen, wie der Beisetzung unter dem Rasen des geliebten Fußballvereins, wird in den Niederlanden nachgegeben. In den südeuropäischen Ländern sind der Gestaltung von Grabsteinen kaum Grenzen gesetzt – und im Urlaub spazieren wir bewundernd über Friedhöfe, die unseren eigenen Steinwüsten so gar nicht ähnlich sehen. Was spricht gegen die Familiengedenkstätte im eigenen Garten? Warum nicht die Urne der Mutter mitnehmen, wenn man umzieht, wie es heute so häufig vorkommt? Ein solches Handeln setzt aktive Verantwortung voraus. Die Toten bedürfen eines gewissen Schutzes, und es liegt auf der Hand, dass auch hier der persönlichen Freiheit – weite, nachvollziehbare – Grenzen gesetzt werden müssen. Ähnlich wie es bei der Namensgebung für Kinder der Fall ist.

Doch eine Veränderung bewirken meist nur Betroffene – und aus diesem Grund tragen diejenigen, die institutionell mit ihnen zu tun haben, auch eine besondere Verantwortung. Sie haben die Chance, die kreative Energie, die ein emotional erschütterndes Ereignis wie der Tod eines Menschen freisetzt, in einen kreativen bürgerlichen Ungehorsam zu verwandeln, eine Sterbe- und Trauerkultur zu etablieren, die dem Tod einen Platz im Leben zurückgibt.

Bis dahin ist es noch ein langer Weg. Tote und Trauernde haben keine

Lobby, und auf der politischen Prioritätenliste finden sie sich nicht. Dies zeigt sich unter anderem bei der Planung von Altenheimen und Krankenhäusern, bei der Platzierung von Friedhöfen in Neubaugebieten: Es wird nur das geplant, was der Lebensqualität der modernen Leistungsgesellschaft dient. Die Zufahrten zu den Totenkammern der Krankenhäuser und Heime liegen im Allgemeinen verdeckt und sind nur schwer einsehbar. Die Räumlichkeiten selbst sind nach rein praktischen Kriterien gestaltet. Friedhöfe werden in der Regel außerhalb der Lebens- und Erfahrungsräume angesiedelt. Selbst bei der Planung des Eingangsbereichs eines Einfamilienhauses wird nicht mehr bedacht, dass für den letzten Gang aus dem Haus ein Sarg nötig sein könnte – anscheinend ist es für die Menschen heute schwer vorstellbar, dass der Tod zu unserem Leben gehört.

Die persönliche Verantwortung, die wir in anderen Lebensbereichen als selbstverständlich empfinden, muss auch für das eigene Ende gelten: Wie möchte ich behandelt werden, welche Menschen möchte ich um mich haben, was möchte ich von anderen hören? Möchten Sie wirklich, dass nichts als Floskeln in Ihrer Todesanzeige stehen oder an Ihrem Grab gesprochen werden?

Ende der 1960er Jahre war Emanzipation die Parole der Jugend: Alles ist möglich. Es war ein Sturm auf die Institutionen. Die Familie wurde als Gefängnis, die Schule als Kaserne, die Arbeit (und ihr Gegenstück, der Konsum) als Entfremdung gebrandmarkt. Das Recht (das bürgerliche, versteht sich) galt als Herrschaftsinstrument, von dem man sich befreien musste (»Es ist verboten zu verbieten«). Eine neue Freiheit der Sitten zeichnet sich mit der Verbesserung der materiellen Bedingungen ab, und die Öffnung der Lebensläufe, die Mobilität nach oben, wurde in diesem Jahrzehnt zu einer greifbaren Realität. Diese Pluralisierung, die jedem erlaubt, sein Leben zu wählen, resultierte daraus, dass sich zur allgemeinen Begeisterung das reine Individuum herausbildete, also eine Person, die ihr eigener Herr ist. Seit den 1970er Jahren hat sich die Überzeugung durchgesetzt, dass jeder Herr über sein eigenes Leben ist. Die Veränderung der Normen, die in den 60er Jahren eingesetzt hat, schlägt sich in den Verhaltensweisen nieder. Der Gegensatz von Individuum und Gesellschaft löst sich auf und mit ihm die Vorstellung, man müsse ein Individuum disziplinieren, um es gesellschaftsfähig zu machen und die Gesellschaft vor seinen Exzessen zu schützen. Nun ist dieses Individuum aber gezwungenermaßen unsicher, denn es hat kein Außen mehr, das ihm sagt, wie es sich verhalten soll, es muss sich seine Regeln selbst schaffen.

Warum soll nicht jeder tun, was ihm gefällt, solange er niemandem damit schadet? Warum soll nicht jeder auf seine Weise mit Tod und Trauer umgehen dürfen, ohne dafür bewertet zu werden? Allzu selbstverständlich akzeptieren wir Forderungen als gerechtfertigt und merken nicht, dass es sich in Wirklichkeit um Zumutungen handelt. Trauer fördert die Kreativität – nicht nur dann, wenn man sich etwas einfallen lassen muss, um gesetzliche Bestimmungen zu umgehen. Viele Menschen werden in ihrer Trauer so kreativ wie noch nie oder wie sie es seit Jahrzehnten nicht mehr waren, einfach deshalb, weil sie das tiefe Bedürfnis haben, ihre Gefühle der Liebe und des Schmerzes auszudrücken. Sie schreiben Gedichte oder Geschichten, sie malen Bilder, machen Musik, komponieren Lieder, sie gestalten einen Erinnerungsort im eigenen Garten.

Trauer ist ein Reifeprozess

Im Trauern ziehen wir Bilanz und ordnen unser Leben neu. Was war bisher wichtig? Prioritäten verschieben sich oder werden neu gesetzt. Dahinter steht das Bedauern über das ungelebte Leben, über verpasste Chancen. Der Tod zeigt uns, wie unwiederbringlich vieles ist. Man trauert über das, was man immer aufgeschoben hat und für das es nun zu spät ist. Im günstigsten Fall erlebt man einen Wertewandel. Man möchte nicht mehr in den Tag hineinleben, sondern die verbleibende Zeit sinnvoll nutzen. Aus der Erkenntnis heraus: Heute ist der erste Tag vom Rest meines Lebens.

Noch wird es in unserer Gesellschaft als normal angesehen, wenn man sich nach dem Verlust eines Angehörigen vollkommen in seiner

Arbeit vergräbt. Oft unternehmen Trauernde in der akuten Trauerphase Ersatzhandlungen wie das hektische Erledigen aller Erb- und Versicherungsangelegenheiten, um sich vor der Trauerarbeit zu drücken.

Trauern ist für viele die Bewältigung einer Krise mit dem Ziel, das Vergangene hinter sich zu lassen. Auch wenn viele Vorträge und Kurse mit dem Satz »Trauern ist keine Krankheit« beginnen, entsteht der Eindruck eines Krankheitsverlaufs in verschiedenen schweren Phasen, an dessen Ende wir von Traurigkeit und Erinnerungen genesen sind. In einer Gesellschaft, die alles ausgrenzt, was mit Ohnmacht und Funktionseinschränkung zu tun hat, bekommt Trauern manchmal den Beigeschmack eines Hürdenlaufs, der in möglichst kurzer Zeit absolviert werden sollte.

Was kann der Trauernde also tun, um diese schwierige Zeit zu meistern, auch wenn man nicht auf die Hilfe der Gemeinschaft zählen kann, wenn man nicht in der Lage ist, einen klaren Gedanken zu fassen, geschweige denn eine Entscheidung zu fällen. Am besten sucht man sich, bis man weiß, wie es weitergehen soll, einen Ort, an dem man sich wohlfühlt – das kann das Bett sein, ein entlegenes Hotel, das ehemalige Kinderzimmer im Elternhaus oder ein bestimmter Platz in der Natur –, und lässt dort seinen Gefühlen freien Lauf.

Dieser Haltung ist nicht mit positivem Denken zu verwechseln. Positives Denken versucht sich die Realität zurechtzubiegen und Belastendes schönzureden. Hier geht es nicht um »Trauer light«, sondern darum, die Realität des Todes anzuerkennen und Trauer als natürlichen Prozess zu akzeptieren. Der Tod lässt nicht mit sich handeln und er lässt sich nicht schönreden.

Ein zentrales Thema im Trauerprozess ist das Hinnehmen der Machtlosigkeit, die wir angesichts der Unausweichlichkeit eines Todes oft empfinden. Ebenso zentral ist aber das Thema des aktiven Gestaltens und Tuns, das uns hilft, dieses Gefühl der Machtlosigkeit zu überwinden. Darum ist es so wichtig, in den ersten Stunden nach dem Tod eines uns nahestehenden Menschen so viel wie möglich selbst tun zu können. Der Tod muss begreifbar sein, nicht auf der mentalen, sondern auf der emotionalen Ebene. Besonders dann, wenn ein geliebter Mensch plötzlich stirbt, brauchen die Angehörigen Zeit, um zu erfassen, was geschehen ist. Wenn ein Bestatter den Angehörigen empfiehlt, »den Toten in Erinnerung zu behalten, wie sie ihn zuletzt gesehen haben«, tut er dies, um sie zu schonen. Aber Trauernde kommen über das Leid und den Schmerz, den ein Tod verursacht, besser hinweg, wenn sie mit allen Sinnen begreifen können, dass etwas Endgültiges, Unumstößliches geschehen ist, dass dieser Mensch nicht wieder lebendig wird.

Darum ist es wichtig für die Hinterbliebenen, nicht nur Augenblicke, sondern Stunden mit dem Toten zu verbringen. Die Erinnerung an diese Zeit, die sie mit ihren Toten verbracht haben, ist für die meisten rückblickend außerordentlich kostbar. Wie lange man sich dafür Zeit nimmt, bleibt jedem selbst überlassen. Der Trauernde wird schon spüren, wann der richtige Zeitpunkt gekommen ist, den Sarg zu schließen.

Für ein Essen mit Freunden nimmt man sich Zeit. Soll man dann zum endgültigen Abschied eines Freundes »mal eben hingehen«? Das Bedürfnis der Trauergäste, nach dem Begräbnis ein paar Stunden zusammenzubleiben, ist dann besonders groß, wenn sie eine stimmige Trauerfeier erlebt haben, in der die Persönlichkeit des Verstorbenen wirklich greifbar wurde. Wer später das Gefühl hat, seinem toten Freund sagen zu müssen: »Ich war auf deiner Beerdigung, aber du warst nicht da«, der wurde um seinen Abschied in der Gemeinschaft betrogen.

Der Tod macht sprachlos. Gelebte Trauer kann die lähmende Sprachlosigkeit durchbrechen. Oft wird behauptet, nur das persönliche Gespräch habe eine heilsame Wirkung. Aber das stimmt nicht in jedem Fall. Manch einer kann besser schreiben als reden. Ein anderer fühlt sich freier, wenn er sich mit Unbekannten, die ein ähnliches Schicksal haben, austauschen kann. Menschen treffen sich in Internetforen, um ihre Erfahrungen miteinander zu teilen und gemeinsam zu trauern. Das Wichtigste ist, dass Trauernde ihre Gefühle ausdrücken. Ob sie darüber reden oder schreiben, ob sie sich durch Singen, Malen oder Tanzen ausdrücken – entscheidend ist nur, dass sie nicht stumm bleiben.

Dazu beitragen, dass Trauernde ihre Sprache wiederfinden, kann eine angemessene Trauerbegleitung, der allerdings in Deutschland immer noch viel zu wenig Aufmerksamkeit gewidmet wird. Solange der

Verstorbene noch am Leben war, stand er im Zentrum der Aufmerksamkeit. Mit seinem Tod sollte diese Zuwendung jedoch dem Hinterbliebenen gelten. In diesem Moment ist der Arzt nicht mehr der Behandelnde eines Patienten, sondern der Begleiter eines Angehörigen. Er muss den entscheidenden Satz sagen: »Ihr Mann ist tot.« Wo lernen Ärzte, was in dieser Situation Begleitung heißt? Wo lernen Medizinstudenten den Umgang mit dem Tod und den Hinterbliebenen? Sicher nicht in der Anatomie. Hier ist noch viel gesellschaftliche Bewusstseinsarbeit zu leisten, um diejenigen, die beruflich mit Tod und Trauer zu tun haben, zusammenzubringen und auf diese Aufgabe angemessen vorzubereiten.

Was mir vorschwebt, ist eine neue Institution, die alle Spezialisten unter einem Dach vereinigt: Ärzte, Seelsorger, Psychologen, Bestatter und viele andere mehr, an die wir heute vielleicht nicht einmal mehr denken – eine Art »Trauerhospiz«. So, wie in einem Hospiz für Sterbende anders gearbeitet wird als in einer Klinik, stelle ich mir vor, dass in einem Trauerhospiz alle Helfer zusammenarbeiten, um Trauernden mit Beratung und Begleitung beizustehen. Neben einem solchen Trauerhospiz wünsche ich mir eine Friedhofsberatung, die sich um Veränderungen in der Friedhofskultur bemüht. Andere europäische Länder sind uns, was die Freiheit der Gestaltung bei der Bestattung der Toten betrifft, weit voraus. Tote und Trauernde stehen bei uns weit hinten auf der politischen Prioritätenliste.

Eine solche institutionelle Unterstützung kann Wege öffnen hin zu einem kreativen Umgang mit Trauer, indem sie Angehörige ermutigt, neue Formen der Trauer zu leben. Es gehört Mut dazu, Vertrauen in das eigene Handeln zu setzen und sich damit auch in den modernen Sterbewelten der Krankenhäuser durchzusetzen, die solche Spielräume häufig nicht zugestehen.

Wenn wir Tod und Trauer wieder einen Platz im Leben geben, löst sich für Trauernde der Widerspruch auf zwischen unveränderter Außen- und veränderter Innenwelt, und sie sind nicht mehr allein in ihrem Bemühen, sich in dieser veränderten Welt neu einzurichten.

9
Verwandlungen

Lebendigkeit ist unsterblich

Auf alten europäischen Karten waren die Grenzen erforschter Gebiete markiert und die unerforschten Regionen mit dem Vermerk »Hier gibt es Drachen« gekennzeichnet. Ähnlich dürfte es sich anfühlen, wenn Sie beginnen, über Ihre eigene Sterblichkeit nachzudenken. Sie reisen an Orte, die Sie lieber meiden möchten, und das erfordert Mut. Sie werden dabei auch feststellen, dass diese Erfahrung Sie verändert.

Ich erinnere mich an eine Schülergruppe, die unser Haus in Bergisch Gladbach besuchte, nachdem sich die Jugendlichen im Unterricht mit Sterben und Tod beschäftigt hatten. Keiner von ihnen hatte zuvor je einen »echten« Toten gesehen. Ich war froh, ihnen dieses Erlebnis vermitteln zu können, natürlich mit Erlaubnis der Eltern. Sie kamen also nach vorbereitenden Gesprächen in den Raum, in dem ein älterer Mann aufgebahrt lag. Jeder der jungen Besucher hielt die Arme vor der Brust verschränkt. Ein oder zwei Minuten starrten sie stumm in den Sarg. Dann platzte ein Mädchen heraus: »Aber das ist ja überhaupt nichts Schlimmes!« Später hörte ich sie eine Freundin fragen, wo denn wohl das »Lebendige« hingegangen sei, schließlich hätten sie ja im Physikunterricht gelernt, dass nie etwas verloren gehe.

Die Auseinandersetzung mit dem Tod ist für viele Menschen gleichzeitig eine Beschäftigung mit dem Unvergänglichen. Das zeigen auch die Erfahrungen der Malerin Michaela Frank. Auf Skizzen, die am Sarg ihrer Mutter entstanden sind, ist die innere Verwandlung zu erkennen: Am Anfang rebelliert sie merklich gegen den Tod der Mutter. In den ersten Bildern kommen Gefühle der Ohnmacht, des Zorns und der

Wut zum Ausdruck. Das Gesicht der Mutter, die zu betrauernde Person, ist nicht zu erkennen. In dieser ersten Phase wird die Trauer über das »ungelebte Leben« erfahrbar, über die verpassten Chancen, die ungenutzten Begegnungen und die unerfüllten Träume. Erst wenn der Trauernde sich diese Gefühle von der Seele »gearbeitet« hat, findet er den Weg zur Auseinandersetzung mit der Tatsache, dass er einen wichtigen Menschen verloren hat. Nach dieser ersten Phase kommt eine lange Zeit der Auseinandersetzung, die sich an der rein materiellen Körperlichkeit orientiert. Über die Annahme der Realität des Todes erkennt der Trauernde nun, dass das, was im Sarg liegt, vergänglich ist; das aber, was der Verstorbene für ihn bedeutete – seine Gedanken und Gefühle –, ist unsterblich. Dies vermitteln die Bilder von Michaela Frank auf eindrucksvolle Weise. In den letzten Skizzen wirkt der Gesichtsausdruck der Mutter wie verklärt, während sich die Konturen der Malerin auflösen, bis nur noch zwei, drei Striche übrig bleiben. Die Erkenntnis, dass das, was die Lebendigkeit ihrer Mutter ausmachte, unsterblich ist, hat sich durchgesetzt.

Wenn ein Mensch eine solche Erfahrung gemacht hat, dann ist er auch bereit, jemanden ins Grab zu geben. Er weiß, dass das, was er sieht, nicht der Verstorbene ist, sondern nur das Vergängliche, seine Hülle. So kann der Trauernde eine neue Beziehung aufbauen, die dann des materiellen Aspektes nicht mehr bedarf.

»Die Seele: Das ist der Mensch in seiner unvertretbaren Einmaligkeit. Seele: Das ist die geistige Vertrautheit mit sich selbst – welche freilich nicht anders als durch den Körper erworben wird. … Es gibt ›mich‹ nur mit Haut und Haaren. Aber ich bin nicht mit Haut und Haaren identisch. Während der Körper altert, wachse ich als Persönlichkeit über die Wechselfälle der Zeit hinaus. Und was den Tod überdauert, bin ich selbst im Spiegel meiner Lebensgeschichte. Von der Unvergänglichkeit der menschlichen Seele zu sprechen heißt demnach zu bekennen, dass der wahre Charakter eines Menschen zu jeder Sekunde hier auf Erden geformt, im Tod aber offenbar wird.« So formuliert es der Theologe Bertram Stubenrauch in seinem Buch *Was kommt danach? Himmel, Hölle, Nirwana oder gar nichts*.

Aus dem Gefühl oder aus einer inneren Gewissheit heraus, dass der Mensch letzten Endes mehr sein muss als ein Zellhaufen und dass es nicht gleichgültig ist, wie gut oder wie schlecht er im Leben ist, beschließen Menschen an etwas zu glauben, das sie nicht »wissen« können. Doch bei der Frage, was von uns bleibt, was nach dem Lebensende kommt, geht es gar nicht um Beweise, Begriffsbestimmungen, Traditionen, Zweifel, Vermutungen oder darum, wer am Ende Recht behält. Die Unsterblichkeit der Seele ist unbeweisbar. Wir können nur an sie glauben: als Teilereignis der Auferstehung von den Toten am Ende aller Tage. Ein Mysterium, das sich verstehen lässt, ohne dass wir wirklich wüssten, was es ist. Wie sich ein Mensch angesichts dieses Mysteriums letzten Endes entscheidet, hängt auch davon ab, wer er ist: Welche Philosophie einer wähle, verrate, was für ein Mensch er sei, meinte schon Fichte.

Zeit für die großen Fragen

Man könne, schreibt der französische Mathematiker und Philosoph Blaise Pascal, »sehr wohl begreifen, dass es einen Gott gibt, ohne zu wissen, was er ist«. Als Beispiel für diese Paradoxie nennt er die unendliche Zahlenreihe: Wir wissen, dass »es ein Unendliches der Zahl gibt, aber wir wissen nicht, was dies ist« – die Zahl Unendlich ist weder gerade noch ungerade; dennoch ist sie eine Zahl, und als solche müsste sie entweder gerade oder ungerade sein. Eine respektable Autorität durch die Jahrhunderte bilden diejenigen Anhänger der Unsterblichkeit, die zugleich nüchtern argumentierende Mathematiker oder Naturwissenschaftler waren: Leibniz, Kant, Whitehead, Max Planck und andere. Wir sollten Fragen wie die nach der Unsterblichkeit niemals allein vom eindimensionalen, tendenziell kalten und verdinglichenden Denken des modernen Naturtechnikers beantworten lassen. Simple Sterblichkeit, das bloße Aufhören von allem mit dem Herzstillstand, wäre zu wenig angesichts dessen, was Menschen erfahren, fühlen und erleben können.

Im Trauern liegt eine kreative, schöpferische Kraft, weil es uns innerlich so stark bewegt, dass wir uns die großen Fragen stellen. Der Tod ist ein Ort der Frage, nicht der Antworten. Es gilt auch, diese Fragen aus dem Abseits zu holen. Die Begegnung mit Sterben, Tod und Trauer macht empfänglich für den gegenwärtigen Augenblick und hilft den Menschen, sich zu erinnern, wer sie sind und woher sie kommen, wohin sie gehen und wohin sie gehen wollen, an ihre Werte, Ideale und Träume. Sie erinnert sie daran, warum sie das, was sie gerade tun, begonnen haben, und zu erkennen, ob es noch immer das ist, was sie tun wollen. Sicher, Trauerphasen schwächen die Lebensmotivation für den Augenblick, aber sie führen auch zu neuen Sichtweisen und Einsichten und tragen zur Wandlungsfähigkeit bei. In seinem bewegenden Buch *Das Ende ist mein Anfang* schreibt der italienische Journalist Tiziano Terzani: »Der Tod nimmt uns alles. Gelänge es uns, vorher schon etwas Ballast abzuwerfen, würden wir uns freier fühlen. …Warum bis zum letzten Moment warten, um reinen Tisch zu machen, den Ballast an Dingen und Emotionen ins Meer zu werfen, den wir mit uns herumschleppen?« Sich mit dem Tod zu befassen heißt, sich mit dem Leben zu befassen. Der Tod ist ein großer Lehrmeister.

Teil III

10
Der Tod als Lehrmeister

Die a-mortale Gesellschaft

Wir haben die Möglichkeit, das Lebensende, die reale Begegnung mit Tod und Trauer, aus dem Alltag auszublenden und auf Distanz zu halten. Aber wenn wir uns entscheiden, uns mit Tod und Trauer befassen, gewinnen wir für das Leben: einen Rahmen, der im individuellen wie gesellschaftlichen Leben Auskunft gibt über die Werte, denen wir folgen wollen. Ein solcher Umgang mit Sterben, Tod und Trauer schärft unser Bewusstsein für die Endlichkeit und Vergänglichkeit des menschlichen Lebens – und stärkt so die Fähigkeit, Veränderungen – die immer auch Verlusterfahrungen sind – zu bewältigen. Lebenskrisen wie Trennung oder Arbeitsplatzverlust haben viele Gemeinsamkeiten mit dem, was Trauernde erleben und bewältigen müssen. Sie erfordern den Abschied von einem Leben, wie es war, die Verarbeitung einer Verlusterfahrung und ihre Integration in ein »Leben danach«.

Wenn die eigene Endlichkeit aus dem Alltagsleben ausgeblendet wird, fehlt die Erfahrung der Grenzen, die der Berechenbarkeit, Kontrollierbarkeit und Planbarkeit des Lebens gesetzt sind. Wenn heute von Grenzen die Rede ist, geht es fast immer darum, sie zu überschreiten, niederzureißen und zu überwinden. Grenzenloses Wachstum in einer grenzenlosen Wirtschaft, grenzenlose Informationen, grenzenloser medizinischer Fortschritt vermitteln den Eindruck einer Welt unendlicher Möglichkeiten. Dazu passt der Tod nicht.

Es sagt sich so leicht: Der Tod gehört zum Leben. Aber inmitten der täglichen Geschäftigkeit mit ihren Terminen und To-do-Listen, Freizeitvergnügen und Ärgerlichkeiten hat dieser Gedanke selten die Chance, ins Bewusstsein vorzudringen. »Mitten im Leben sind wir vom Tod umfangen«, heißt es in einem Kirchenlied. Darunter können wir uns noch vorstellen, dass wir morgens von der Straßenbahn überfahren werden könnten oder die Diagnose einer unheilbaren Krankheit von einem Tag auf den anderen alle Lebenspläne über den Haufen wirft. Der Tod gehört, für die meisten, eben nicht zum Leben. Er ist ein dunkler Schatten, dem wir ausweichen, so lange und so gut wir können.

Was wäre, wenn wir ewig leben würden und es die Grenze, die der Tod setzt, nicht (mehr) gäbe? Wir müssten uns nicht entscheiden. Wir könnten jede Entscheidung revidieren.

Anders gesagt: Es ist die Endlichkeit des Lebens, die uns zwingt abzuwägen. Der Tod schafft die Werte, nach denen Menschen ihr Leben führen und ihre Erfahrungen bewerten. Was ist wichtig, was ist weniger wichtig? Was passiert, wenn wir darüber nachdenken, dass wir irgendwann sterben werden? Oder noch schärfer formuliert: Wenn wir wüssten, dass wir nur noch zwei Monate oder fünf Jahre zu leben hätten? Wir würden sehr wahrscheinlich anfangen, das zu tun, was uns wichtig ist, und die Dinge zu ignorieren, von denen uns andere gesagt haben, dass wir sie tun sollen. Die Begegnung mit dem Tod setzt andere Prioritäten, weil sie an die begrenzte Zeit erinnert, in der Handeln möglich ist.

Wer seine Grenzen wahrnimmt, kann sie als Orientierung nutzen. Aus den Antworten auf die Endlichkeit des Lebens ergeben sich daher die Maßstäbe des individuellen Handelns. Diese wiederum prägen die unzähligen Entscheidungen, die wir täglich zu treffen haben und die bestimmen, wie wir unser Leben führen und womit wir es füllen.

Wir definieren uns über das, was wir wählen. Bekanntlich ist es der Platonische Sokrates, der die Frage, »wie man leben soll«, erstmals ausdrücklich für sich selber gestellt und es abgelehnt hat, darauf eine generelle, unterschiedslos auf alle Menschen zutreffende Antwort zu geben. Es ist der individuelle Mensch, der nach seinem Weg im Leben sucht. Wäre es anders, müsste von »Selbst« und von »Individualität« gar keine Rede sein. Es ist keine Selbstverständlichkeit, den eigenen Werten zu folgen. Akteure in einer Gesellschaft, so die Theorie, sind immer bestrebt, ihr Verhalten den Normen und Erwartungen ihres sozialen und kulturellen Umfeldes anzupassen. Wir folgen deshalb selten unseren eigenen Wegen, sondern stattdessen den Mustern, denen eben alle anderen auch folgen. Das spart Zeit, Nerven und die Auseinandersetzung mit schwierigen Fragen. Es ist aber nicht immer von Vorteil

Die Vervielfachung von Angeboten, die Pluralisierung von Werten vergrößern die Wahlfreiheit und damit die Möglichkeiten der Selbstbestimmung, der Individualität. Im Gegenzug erhöhen sie die Anforderungen an die Fähigkeit des Einzelnen, Werte zu erkennen und ihnen entsprechend zu handeln. Der britische Philosoph Isaiah Berlin hielt vor mehr als einem halben Jahrhundert seine bahnbrechende Antrittsvorlesung in Oxford über die wichtige Unterscheidung zwischen »negativer Freiheit« und »positiver Freiheit«. Negative Freiheit ist für ihn »Freiheit von« Zwang, Freiheit von den Vorschriften anderer. Positive Freiheit ist »Freiheit zu« der Nutzung von Möglichkeiten und Chancen, die Freiheit, unser Leben zu gestalten, ihm Bedeutung und Sinn zu geben. Wenn die Zwänge, die in uns den Wunsch nach der »Freiheit von« wecken, sehr groß sind, lässt sich die »Freiheit zu« nicht verwirklichen. Jede Wahl, die wir treffen, ist ein Zeugnis für unsere Autonomie, für unser Gefühl der Selbstbestimmung. Fast jeder Politik-, Sozial- oder Moralphilosoph in der abendländischen Tradition seit Platon hat solcher Autonomie eine besondere Bedeutung eingeräumt. Und mit jeder neuen Ausweitung der Wahlmöglichkeiten erhalten wir noch mehr Gelegenheit, unsere Autonomie auszuüben und damit unseren Charakter unter Beweis zu stellen. Wir können heute im Vergleich zu früheren Generationen weitaus freier über unser Leben bestimmen, wissen aber oft nicht mehr genau, was für eine Art Leben wir führen wollen.

Vom Wert der Bindung

Die individuelle Wahlfreiheit erstreckt sich auch auf Bindungen: Was sich einst im Rahmen von Nachbarschaft und Arbeitsplatz mehr oder weniger von selbst ergab, muss heute jeder für sich selbst entwickeln. Die Menschen sind gezwungen, sich ihren Freundeskreis zu schaffen und ihre Verwandtschaftsbeziehungen aktiv zu pflegen. Kurz: Unser soziales Netz ist kein Geburtsrecht mehr, sondern wird von uns aktiv gestaltet. Damit wird es zu einer Aufgabe, die wiederum Entscheidungen, Zeit und Energie erfordert. Doch soziale Bindungen sind zeitaufwändig. Es kostet Zeit, sie zu knüpfen, und Zeit, sie aufrechtzuerhalten. Die Herstellung und Aufrechterhaltung sozialer Beziehungen setzt die Bereitschaft voraus, sich von ihnen in Anspruch nehmen und einschränken zu lassen. Jede Verpflichtung anderen gegenüber bedeutet einen Verzicht auf Optionen.

Man selbst zu sein und über das eigene »Selbst« zu bestimmen, steht daher in einem natürlichen Spannungsverhältnis zu starken Bindungen an andere oder an eine soziale Gruppe. Doch ist längst durch zahlreiche Untersuchungen belegt, dass die Verbundenheit mit anderen eine der wichtigsten Voraussetzungen für die Zufriedenheit eines Menschen ist. Menschen, die in einer Partnerschaft leben, die Freunde und ein gutes Verhältnis zu ihren Angehörigen haben, sind zufriedener als Menschen, bei denen das nicht der Fall ist.

Allerdings bedeuten soziale Bindungen in vielerlei Hinsicht eine Einschränkung von Freiheit und Autonomie. Die Ehe als dauerhafte Bindung an einen bestimmten Menschen begrenzt die Wahlfreiheit in Bezug auf Partner. Jede ernsthafte Freundschaft nimmt uns dauerhaft in die Pflicht. In einer Freundschaft übernehmen wir Verantwortungen, die unsere Freiheit zuweilen einschränken. Natürlich gilt das Gleiche auch für die Familie, für das Ehrenamt und für die Mitarbeit in Vereinen und Gruppen aller Art.

Die Kehrseite aber, und sie erleben in unserer anonym gewordenen Welt viele Menschen, ist die: Wir verdienen mehr und geben mehr aus, aber wir verbringen weniger Zeit mit anderen Menschen. Wir verbringen weniger Zeit mit Besuchen bei unseren Nachbarn, weniger Zeit mit Besuchen bei unseren Eltern und noch weniger Zeit mit Besuchen bei anderen Angehörigen. Und im Alter stellen wir dann fest, dass unser Leben sehr einsam geworden ist.

Leben in der Gegenwart

Der Tod und das Bewusstsein von Vergänglichkeit lehren uns nicht nur etwas über Werte und Bindungen, sondern vor allem über das Verhältnis zur *Zeit*. Genauer über das Verhältnis, in dem wir Zukunft, Gegenwart und Vergangenheit erleben. Der Tod lehrt, wie kostbar der Augenblick ist. Das ist das, was Menschen, die mit einer begrenzten Lebenserwartung konfrontiert werden, berichten: Sie nehmen das, was ist, anders wahr. Sie fangen an, eigene Entscheidungen zu treffen und sich über die Erwartungen anderer hinwegzusetzen.

Die Zeit ist unsere knappste Ressource, und daran ändert auch der Umstand nichts, dass uns der technische Fortschritt eine »Zeit sparende« Errungenschaft nach der anderen beschert: Im Gegenteil: Die Belastungen unseres Zeitbudgets scheinen immer größer zu werden. Wer kann wirklich frei über seine Zeit verfügen? Wer kann mit seinen regelmäßigen Pflichten so frei umgehen, dass er für andere da sein kann, wenn sie ihn brauchen? Die Mitte des Lebens ist oft der Moment, in dem deutlich wird, dass Endlichkeit auch das eigene Dasein betrifft: Die Eltern werden älter, Erfahrungen mit Tod und Sterben rücken näher. Bis dahin haben viele vor allem gelebt, um die Erwartungen anderer zu erfüllen.

Unendliche Erwartungen

Der Zugewinn an Möglichkeiten und Entscheidungsfreiheit bringt mit sich, dass auch die Erwartungen steigen. Wird ein Hindernis nach dem anderen, das unseren Wünschen entgegensteht, eingerissen, stören diejenigen, die bleiben, umso mehr. Der Tod ist so ein Hindernis. In der bewussten Hinwendung zu Themen wie Tod und Trauer fangen wir an, uns mit unkontrollierbaren Situationen auseinanderzusetzen. Wir erwarten heute nicht nur Berechenbarkeit, Perfektion und Vollkommenheit von Dingen, sondern auch von uns selbst. Ein Anspruch, mit dem wir unweigerlich scheitern müssen.

In dem Maße, in dem sich unsere materiellen und sozialen Verhältnisse verbessern, steigen unsere Vergleichsmaßstäbe. Ein Lebensbereich, in dem sich der Fluch immer höherer Erwartungen besonders deutlich zeigt, sind Gesundheit und medizinische Versorgung. Ohne Zweifel ist der Gesundheitszustand der Menschen in den reichen Industrieländern so gut wie noch nie. Die Menschen leben nicht nur länger, sondern erfreuen sich auch einer besseren Lebensqualität. Dass moderne Medizin und Gesundheitspflege dazu beitragen, unsere Lebenserwartung zu erhöhen, scheint allerdings kein entsprechendes Maß an Zufriedenheit zu erzeugen. Wir sind vielmehr unentwegt um unsere Gesundheit besorgt und angesichts immer weiter verschobener Grenzen des Machbaren in der Medizin kaum noch imstande zu akzeptieren, was wir (an uns selbst) vorfinden.

Der Theologe Manfred Lütz hat dies in seinem Buch *Lebenslust* sehr zugespitzt formuliert: »Unsere Vorfahren bauten Kathedralen, wir bauen Kliniken. Unsere Vorfahren retteten ihre Seele, wir unsere Figur.« Die Widersprüche, die mit dem Wunsch nach Kontrolle und Perfektion verknüpft sind, treten nirgends deutlicher zutage als in der obsessiven Beschäftigung mit Gesundheit und Aussehen. Alle Untersuchungsergebnisse sprechen dafür, dass die meisten von uns auf lange Sicht kaum etwas in Hinblick auf Figur und Gewicht unternehmen können. Das Zusammenwirken von Genen und frühkindlichen Erfahrungen legt weitgehend fest, wie wir als Erwachsene aussehen, die allermeisten Diäten bringen nur kurzfristige Veränderungen. Doch alles, was man uns täglich darüber erzählt, steht in direktem Gegensatz zu diesen Fakten. Mit den Zeichen des Alterns verhält es sich genauso, auch wenn lange Regalreihen voller Anti-Aging-Produkte anderes versprechen. Damit richten sich aber auf die Medizin viele Hoffnungen und Sehnsüchte, die dort nichts zu suchen haben. Nicht bloß Heilung von irgendwelchen Beschwerden, sondern das Heil schlechthin suchen die Menschen im Gesundheitswesen, das Heil hier und jetzt auf ewig. Der moderne Gesundheitsgläubige widmet seiner Religion mehr Zeit, Kraft und finanziellen Aufwand als der mittelalterliche Mensch seinem Glauben.

Verluste akzeptieren

Lebenszufriedenheit kann sich nicht einstellen, solange Verluste verdrängt werden. »Wir sind vermutlich die ersten Gesellschaften in der Geschichte, in denen Menschen dazu gebracht werden, unglücklich darüber zu sein, dass sie nicht glücklich sind.« Auf diese Weise aber »wächst und vervielfältigt es (das Leiden) sich um so mehr, je mehr wir es auszurotten versuchen.

Alles, was sich der Kraft des Verstandes, der Befriedigung der Sinne, der Verbreitung des Fortschritts entgegenstellt, wird nun als Leiden bezeichnet«. Je mehr das Glück angestrebt wird, desto mehr sind Menschen auf das fixiert, was diesem Glück noch im Wege stehen könnte. Folgt man den Argumenten von Pascal Bruckner, so heißt modern sein »unfähig sein, sich mit dem Schicksal abzufinden, das für uns vorgesehen ist«.

Wir neigen dazu, uns vor Entscheidungen zu drücken, weil wir damit Verlust verbinden. Eine Wahl zu treffen heißt fast immer, etwas anderes von Wert aufzugeben. Wählen zu lernen ist schwer. Gut wählen zu lernen ist noch schwerer. Und gut wählen zu lernen in einer Welt unbegrenzter Möglichkeiten ist ungeheuer schwer. Wir können aus der Begegnung mit Tod und Sterben lernen, Vergangenes wirklich loszulassen und Verluste zu akzeptieren.

Ökonomen kennen ein Phänomen, das sie »verlorene Kosten« nennen: Jemand hat ein Paar Schuhe gekauft, das ihm doch nicht passt. Obwohl er weiß, dass er die Schuhe nie wieder anziehen wird, behält er sie im Schrank, denn würde er sie weggeben oder wegwerfen, würde er sich damit einen Verlust eingestehen. Aus ähnlichen Gründen halten viele Leute an Aktien fest, die an Wert verloren haben, weil ein Verkauf die Geldanlage in einen Verlust verwandeln würde.

»Wenn wir jetzt rausgehen«, so argumentieren Generäle im Krieg, »sind die vielen Tausend Soldaten und Zivilisten umsonst gestorben.« Ein solches Denken orientiert sich an der Vergangenheit und nicht an der Zukunft. Dieses Denkmuster ist auf viele andere Lebenslagen übertragbar.

Die Angst vor dem Alter

Eine Gesellschaft, die Tod und Sterben an den Rand drängt, ist – kaum verwunderlich – auch eine Gesellschaft, in der Älterwerden und Altsein »nichts für Feiglinge ist«, wie es Bette Davis einmal formuliert hat. Sechzigjährige kokettieren damit, 60 Jahre jung zu sein. Und doch wäre eine Gesellschaft, die das Alter ehrt und ihm die Bedeutung beimisst, die ihm zukommt, vielleicht eine glücklichere Gesellschaft, eine, in der man nach gelebten Leben »alt und lebenssatt«, wie es das Alte Testament plastisch formuliert, zufrieden sterben könnte.

Die Wahrheit ist: Was wichtig ist im Leben, wissen ältere Menschen oft besser als junge. Denn das Wichtige weiß man nicht, das Wichtige erfährt man. Daher ist in Wirklichkeit das Alter eine Ressource, eine Kraftquelle für das einzelne Leben und für die Gesellschaft.

Das Problem, vor dem wir im Umgang mit Tod und Sterben heute stehen, ist der Zusammenstoß der unbegrenzten Möglichkeiten mit dem Unbeherrschbaren. Der Tod erinnert konkret daran, dass Leben nicht gleichbedeutend ist mit grenzenlosen Möglichkeiten. Er hält uns an und erinnert daran, dass wir so viel medizinische Behandlung in Anspruch nehmen können, wie wir wollen – dass uns dies aber nicht vom Tod, von der eigenen Vergänglichkeit befreit. Wenn, wie Freud meinte, der Mensch im frühen 20. Jahrhundert neurotisch wurde, weil er das Ausmaß des Verzichtes, das die Gesellschaft fordert, nicht ertragen konnte, so wird er im frühen 21. Jahrhundert depressiv, weil er die Illusion ertragen muss, dass ihm alles möglich sei.

Grenzen der Kontrolle

Der Tod lehrt uns, etwas zu akzeptieren, das so ist, wie es ist – nicht, wie wir es haben wollen. Wir hätten viele Situationen gerne anders als sie sind. »Die Leute sollten freundlicher sein.« »Die Schlange vor der Kasse im Supermarkt sollte sich schneller bewegen.« Die Klage »Ich wünschte, ich hätte meinen Job nicht verloren« raubt uns mehr Kraft als die Frage: »Ich habe meinen Job verloren; was kann ich in dieser Situation tun?« Den Tod als Teil des Lebens zu akzeptieren heißt nicht, dass man mit allem einverstanden sein muss und nichts ändern kann. Es bedeutet aber, dass man Grenzen annehmen kann. Niemand will, dass die beste Freundin bei einem Autounfall schwer verletzt wird. Aber wenn es so ist, wird man lernen müssen, das Unglück, das man nicht ungeschehen machen kann, anzunehmen und auszuhalten.

Endlichkeit und im weiteren Sinne Einschränkungen und Verluste zu akzeptieren ist schwierig. Es ist eine Fähigkeit, die sich auf viele Lebensbereiche auswirkt, denn sie schafft eine ganze Reihe neuer Möglichkeiten: Man wird seine Zeit anders nutzen. Und man wird sich vielleicht fragen, was man in verschiedenen Lebensbereichen wirklich will. Wer lernt, Endlichkeit zu akzeptieren, stellt fest, dass jede Entscheidung davon lebt, wie gut man sich selbst, seine Werte und Ziele kennt.

Wüssten wir in diesem Moment, an welchem Tag genau wir sterben werden, so würden wir mit Sicherheit schon morgen anders leben. Denn wir wüssten, morgen wäre unwiderruflich ein unwiederholbarer Tag weniger auf der Lebensrechnung. Nun ist es aber wirklich so, dass es absolut sicher ist, dass wir irgendwann sterben und dass daher der morgige Tag unwiderruflich ein unwiederholbarer Tag weniger auf unserer Lebensrechnung ist. Und damit ist klar, die Zeit ist begrenzt. Vielleicht wäre es kein schlechter Gedanke, sich ab und zu eine halbe Stunde Zeit zu nehmen und einen Friedhof zu besuchen – und für einen Moment aus allen Zweckmäßigkeiten auszusteigen. Das ist keine halbe Stunde Ewigkeit, aber: Uns begegnet für einen Moment etwas, das über dieses Leben hinausgeht

Die Begegnung mit dem Tod zeigt, dass der Augenblick einzigartig ist. Schönheit liegt nicht in der Perfektion, sondern in der Einzigartigkeit. Wir leben in einer Zeit und Kultur, in der wir dem Einzigartigen und Unwiederbringlichen kaum mehr Aufmerksamkeit schenken. Wenn wir an Schönheit denken, dann haben wir keine Bilder von der Vergänglichkeit des Lebens vor Augen. Unsere Vorstellung von Qualität ist, dass Gegenstände möglichst lange so aussehen wie an dem Tag, an dem wir sie gekauft haben. Spuren der Zeit werten einen Gegenstand in unseren Augen ab, und deshalb versuchen wir sie zu vermeiden: Unsere Autos dürfen keine Kratzer haben, die Farbe unserer Kleidung muss immer leuchten wie neu, Flecken müssen entfernt werden, und wenn ein Gegenstand sich gar nicht mehr in dieses Schönheitsideal einfügt, dann werfen wir ihn eben weg und kaufen einen neuen. Wir wollen von allem viel zu viel, und die meisten von uns haben auch von allem viel zu viel: zu viele Bücher, zu viele Möbel, zu viele Kleidungsstücke. Wir essen zu viel, trinken zu viel, arbeiten zu viel. Es gibt aber auch eine andere Idee vom Leben. Eine Form der Zufriedenheit, die aus dem Bewusstsein der Vergänglichkeit erwächst.

Der Tod ist der Ort, an dem wir Vergänglichkeit spüren können: Alles verändert sich, nichts bleibt, wie es ist, und alles findet irgendwo sein Ende. Und es geht darum, sich dieser Veränderung nicht entgegenzustellen, sondern sie als natürlichen Teil des Lebens zu akzeptieren. Zu akzeptieren, dass unser Leben vergänglich ist und dass es darauf ankommt, wesentlich zu werden. Das heißt herauszufinden, was wir wirklich brauchen und was uns als Individuum einzigartig und unverwechselbar macht. Wer dies zum Leitmotiv seiner persönlichen Entwicklung macht, wird unabhängiger sein und dem Leben mit einer anderen Haltung begegnen: Wir können zwischen dem, was uns von außen als richtig und wichtig angeboten wird, und dem, was wir wirklich brauchen und wollen, unterscheiden. Wir können den Dingen ihren Lauf lassen, sie ihren eigenen Platz finden und geschehen lassen. Wir können uns auf das beschränken, was wirklich notwendig ist. Wir wissen, wann wir bei einer Sache bleiben sollten und wann es Zeit wird, sich von ihr zu lösen.

Ein verdrängter Tod wirft seine Schatten über das ganze Leben. Wenn ich heute einen Menschen hätte anlächeln sollen, der es gebraucht hätte, und es nicht getan habe, dann kann ich das in Wirklichkeit niemals wiedergutmachen. Jeder Moment ist unwiederholbar – weil es den Tod gibt. Daher gilt: Wer den Tod verdrängt, verpasst das Leben.

11
Krise und Aufbruch

Krisenbewältigung als Lebenskompetenz

Die Erfahrungen von Verlust und Endlichkeit, von erschütterten Gewissheiten und Grenzen der Plan- und Kontrollierbarkeit beschränken sich nicht auf die Begegnung mit Tod und Trauer. Sie begleiten viele Lebenssituationen, die als tiefe Krisen erlebt werden wie Trennung, Arbeitslosigkeit oder eine schwere Krankheit. Krisenerfahrungen haben viel Ähnlichkeit mit dem, was wir bei Trauerprozessen erleben: Das Leben, wie wir es bislang geführt haben, ist vorbei. Die Zukunft, mit der wir »gerechnet« haben, wird es so nicht geben. Etwas endet, und wir sind aufgefordert, das Leben wieder neu zu »lernen«. Aus der bewussten Auseinandersetzung mit der Endlichkeit des Lebens und der Unvorhersehbarkeit des Todes gewinnen wir Einsichten und Erfahrungen, die in anderen Lebenskrisen hilfreich sind.

Warum sind Krisen so allgegenwärtig? Im individuellen Leben sind es die großen Rahmen der familiären Bindung, der Bindung an einen Beruf oder einen Arbeitsplatz, die seit Jahrzehnten in Auflösung begriffen sind. Wir können uns weder auf die ewige Haltbarkeit unserer Ehe verlassen noch auf die Gewissheit, über lange Jahre oder Jahrzehnte unseren Beruf in ein und derselben Firma auszuüben. Sicherheit vor den großen Lebensrisiken können (und wollen) die gesellschaftlichen Institutionen immer weniger bieten. In Deutschland ist der Abbau der sozialen Sicherungssysteme in den vergangenen Jahren immer weiter fortgeschritten. Der Schutz, den die Gesellschaft dem Einzelnen bieten kann, ist brüchig geworden. Wir leben gesellschaftlich und individuell längst auf »rutschenden Abhängen«, wie es der Soziologe Hartmut Rosa in seinem Buch *Beschleunigung* formuliert hat. Der einzige Halt, den wir dort noch finden können, ist der Halt, den eine innere Haltung gibt: Unsere Kompetenzen kann uns niemand nehmen, unseren Arbeitsplatz schon. Unsere Ehe mag in die Brüche gehen; unsere Fähigkeit zu lieben und in einer Partnerschaft zu leben, bleibt uns erhalten.

Scheidung, Arbeitslosigkeit und Krankheit zählen zu den Brüchen, die in jeder Biografie vorkommen können; damit werden die Fähigkeiten, mit solchen »Einbrüchen«, die das Leben in ein Davor und ein Danach trennen, fertigzuwerden, zu wichtigen Lebenskompetenzen. Der Tod, den wir verdrängen und außerhalb des Erfahrungshorizonts halten, ist der Maximalfall eines solchen Bruchs.

Für viele Menschen entwickelt sich aus einer Lebenskrise der Aufbruch in ein anderes, bewussteres und mutigeres Leben. Menschen, die mit einer schweren Krankheit konfrontiert wurden, berichten, dass sich die Erschütterung auf ihr gesamtes Leben ausgewirkt hat: Sie leben intensiver, sie interessieren sich für andere Fragen. Aus dem Bewusstsein der Endlichkeit und Zerbrechlichkeit des Lebens gewinnen sie den Mut, ihren eigenen Werten zu folgen – auch um den Preis, mit Regeln und Erwartungen zu brechen.

Zu den bewegendsten Zeugnissen für die Veränderungen, die sich aus einer schweren Lebenskrise und dem Bewusstsein des Todes ergeben, gehört ein schmales Büchlein von Lydie Violet. Es trägt den programmatischen Titel: *Das Leben wagen*. Lydie Violet ist 40 Jahre alt, als sie einen epileptischen Anfall erleidet. Ein unheilbarer Gehirntumor wird diagnostiziert, der ihr nur noch wenige Jahre zu leben lässt. Lydie Violet entscheidet sich gegen die Chemotherapie und für ein relativ »normales« Leben. Sie beschreibt den beruflichen und sozialen Tod, den sie erlebt, den Leidensweg durch die Kliniken – aber auch die guten Momente, die Freunde, die Einsichten. In den Worten der todkranken Lydie Violet findet sich vieles wieder, was Menschen in schweren Krisensituationen erfahren: Wer näher dran ist am Tod, der ist auch näher dran am Leben. Das Buch, das sie zusammen mit ihrer Freundin Marie Desplechin verfasst hat, hätte auch »Glück« heißen können, sagen die Autorinnen, die 2005 mit dem Prix Medici für Essayistik ausgezeichnet wurden. »Mir scheint, wir alle stehen morgens auf dieselbe Weise auf. Unsere ersten Gedanken gelten nicht dem Tod, der uns doch sicher ist. Wir denken, erwartungsfroh oder ängstlich, an den Verlauf des bevorstehenden Tages, an die Menschen, denen wir begegnen, die wir hassen oder lieben werden, an die große Masse unserer Artgenossen, die dem Leben eine Form gibt. Im Grunde ändert sich nichts. Die Dinge machen sich in anderer Weise bemerkbar.«

Für Lydie Violet beginnt ein neues Leben. »Ich lebe, als hätte die Zeit angehalten. ... Die Zukunft war, das weiß ich noch, ein weites, offenes Feld, an dessen äußersten Rand ich Pfade in den Schatten abgehen sah. Jetzt ist die Zukunft ein Schatz, der in meine Hände passt, ein strahlendes Kleinod, dessen Licht jeden Augenblick verblassen kann und das verschmilzt mit dem, was ich früher mein Leben zu nennen pflegte.« Sie erlebt, wie Freunde ihr nichtssagende Floskeln schreiben, und sie erlebt, wie Menschen sich unendlich liebevoll um sie kümmern, bei ihr Wache halten, sie pflegen, tragen, zum Arzt fahren, einladen, ablenken: »Ich frage mich, wie die Welt aussähe, wenn wir uns auch in normalen Zeiten so gut umeinander kümmern würden.« Lydie Violet erkennt, dass Leben »jetzt« ist. Sie lebt und handelt entschiedener als je zuvor: »Ich bin sehr gefährlich geworden. Ich sehe immer weniger Gründe, nicht zur Tat zu schreiten. ... Ich habe nicht mehr die Muße zu zögern.« Obwohl die Krankheit nur langsam voranschreitet, hat ihr neues Leben kaum noch Ähnlichkeit mit dem Leben vor der Diagnose. »Manchmal denke ich, ich werde gerade geboren. ... In Wahrheit sterbe ich gerade. Aber Sie auch. Nur das Wissen darum unterscheidet uns.«

Niemand rechnet mit einer tödlichen Krankheit, so wenig wie mit dem Tod. »Schwarze Schwäne« nennt der Mathematiker Nassim Nicholas Taleb Ereignisse, die jenseits des Erwartungshorizonts liegen. Wir halten sie so lange für undenkbar und unmöglich, bis sie eintreten. Es handelt sich dabei um unwahrscheinliche Einzelereignisse, die sich genau so nicht wiederholen. Lebenskrisen sind solche Einzelereignisse. Was der Verlust eines Menschen bedeutet, entzieht sich der Generalisierung. Jeder trauert anders, jede Lebenskrise ist so einzigartig wie das individuelle Leben, der individuelle Tod.

Die Unvorhersehbarkeit von Krisen

Diese Einzigartigkeit von Krisen wahrzunehmen, fällt schwer. Das gilt auch auf der Ebene der großen Krisen und Katastrophen. Risikoforscher diagnostizieren für die Katastrophen der jüngeren Geschichte eine Einzigartigkeit, die sie von früheren Krisen grundlegend unterscheidet. Der 11. September 2001, der Tsunami im Indischen Ozean, der Hurrikan Katrina, die Finanzkrise, das Deepwater-Horizon-Desaster, Fukushima: Schockereignisse, die Krisenstäbe und Experten vor nie dagewesene Situationen stellen, für deren Bewältigung es keine Vorbilder gibt. Zwar gab es Terror, Erdbeben, Vulkanausbrüche und Ölkatastrophen früher nicht seltener als heute. Doch ihre Folgen sind weit schwerer, sie erschüttern die Welt, und die herkömmlichen Strategien erweisen sich als wertlos. Zwar gibt es Krisenstäbe, Notfallszenarien und Einsatzpläne; doch bei den besonderen Herausforderungen der Situation erweist sich das Expertenwissen als hinderlich – es stützt sich auf vergangene Erfahrungen. Angesichts einer unerwarteten, neuartigen Krise geht es vor allem aber darum, sich von Gewissheiten zu lösen, um die Realität in der Situation wahrzunehmen. Das Festhalten an den vorhandenen Plänen erweist sich als fatal.

So war man in New Orleans im August 2005 durchaus auf den herannahmenden Hurrikan vorbereitet; Computermodelle hatten den Weg berechnet, Evakuierungspläne legten fest, wie die Bewohner mit Bussen aus der Stadt gebracht werden sollten; für den Ausfall des Telefonnetzes standen wasserdichte Notfallstationen bereit. Doch der Hurrikan hielt sich nicht an die Vorstellungen, die man sich von ihm gemacht hatte – von einem Moment zum anderen veränderte sich die Ausgangslage. »Jeder – auch jeder Entscheidungsträger – befand sich in einem Schockzustand«, wird in einem Bericht zur Katastrophe festgestellt. Viele Mitglieder der Rettungsteams waren persönlich betroffen: Geliebte Menschen waren verschwunden, ihre Häuser zerstört. Das veränderte die Bedingungen des Krisenmanagements, und auf solche Veränderungen war niemand vorbereitet.

Das sture Festhalten an Vorschriften versperrte den Weg zu kreativen Lösungen. »Nach Plan zu scheitern scheint oft bequemer, als mit unkonventionellen Lösungen Erfolg zu haben«, heißt es in dem Bericht weiter. Zumindest könnten die Beteiligten dann behaupten, sich an die Vorschriften gehalten zu haben, auch wenn sie von den tatsächlichen Ereignissen überholt wurden. Die Aufgabe eines Krisenmanagements, das der Einzigartigkeit einer Krise gerecht werden kann, lautet daher, sich auf Überraschungen einzustellen. Und in unübersichtlichen Situationen die Standardpfade zu verlassen, um nach kreativen und innovativen Lösungen für die Besonderheit der Situation zu suchen. Dafür sollten auch Entscheidungsträger in Seminaren vorbereitet werden, die mehr beinhalten als das übliche Abarbeiten von Checklisten. Ihnen müsste stattdessen die Fähigkeit vermittelt werden, die richtigen Fragen zu stellen.

Je tiefer das Vertrauen in die Berechenbarkeit und Vorhersehbarkeit, in wissenschaftlichen Erkenntnisse und komplexe Techniken, desto heftiger ist der Schock, wenn die Grenzen des Berechen- und Kontrollierbaren schlagartig in einer Krise oder Katastrophe sichtbar werden. Das Vertrauen auf Systeme wird in Krisensituationen vor allem dann zur Gefahr, wenn sie die reale Wahrnehmung ersetzen. Beispiel Concorde: Als auf dem Flug 4590 im Cockpit eine Feuerwarnung aufleuchtete, spie die Turbine zwar Feuer, brannte aber nicht. Der Pilot schaltete – systemkonform – sofort das Triebwerk ab. Die Maschine geriet aus dem Gleichgewicht und stürzte ab. 109 Menschen starben. Der Organisationspsychologe Karl E. Weick fand in seinen Untersuchungen zu »High Reliability Organizations« wie Atomkraftwerken heraus, dass vor allem eine Haltung der Achtsamkeit – das intensive Leben im Augenblick und Aktivieren aller Sinne, die Aktualisierung von Erklärungs- und Deutungsmustern – hilft, Fehlentwicklungen schneller zu erkennen und auf sie zu reagieren.

In einer von Krisen geprägten Zeit kommt es auch politisch zunehmend auf das Talent zum Umgang mit Unvorhergesehenem an. Politiker und Planer müssen sich darauf einstellen, ständig von Neuem überrascht zu werden, und sich von dem naiven Glauben verabschieden, es gäbe so etwas wie eine vollständige Kontrolle, Beherrschbarkeit und Sicherheit in einer hoch technisierten Welt, in der Krisen nur »Störfälle« sind in einem normalen Betriebsablauf.

Der Tod, der heute als größter denkbarer »Störfall« gehandelt wird, bricht in das individuelle Leben ein wie eine Lawine. Im Umgang mit der Erschütterung, die die Begegnung mit Tod und Sterben auslöst, werden Achtsamkeit und Aufmerksamkeit für die einzigartige Situation zu entscheidenden Tugenden.

12
Verdrängte Verluste

Königsdisziplin Change Management

Im Alltagsleben sind Krisen Ausnahmesituationen – in der Arbeitswelt ist es umgekehrt: Die Krise ist Alltag. Erschütterungen und Veränderungen zu bewältigen ist für Mitarbeiter und Führungskräfte zu einer Daueraufgabe geworden. In immer kürzeren Abständen werden die Mitarbeiter aufgefordert, ihre eingefahrenen Bahnen zu verlassen und sich neuen Situationen anzupassen. Im Unterschied zu Lebenskrisen werden die Veränderungen vorsätzlich erzeugt. »Schöpferische Zerstörung« nannte der Ökonom Joseph Schumpeter den Prozess, der die ureigenste Aufgabe des Unternehmers sei, um die wirtschaftliche Entwicklung zu fördern. »Die effiziente Organisation von morgen wird jeden Tag aufs Neue hervorgezaubert«, formulierte der Managementguru Tom Peters das Credo des Wandels. Change Management als Überbegriff für das professionelle Steuern von Veränderungen hat sich zur Königsdisziplin der Unternehmensführung entwickelt; für Führungskräfte wie Mitarbeiter zählt »Change-Kompetenz« zu den wichtigsten Qualifikationen.

Viele Manager konzentrieren sich bei Veränderungen allein darauf, die Wirklichkeit zu verändern. Doch worauf es ankommt, wenn Veränderungsprozesse gelingen sollen, ist: die emotionalen Folgen der Veränderungen wie Unsicherheit, Verlusterfahrung und -verarbeitung in den Blick zu nehmen. Wird diese Aufgabe der Verlustverarbeitung unterschätzt, wiegen die Folgen schwer. Doch bis heute herrscht in vielen Unternehmen ein Menschenbild, das – trotz aller Rhetorik – der individuellen Reaktion der Mitarbeiter auf Veränderungsprozesse wenig Beachtung schenkt. In dieser Hinsicht könnten Unternehmen viel vom

Umgang mit Tod und Trauer als extremer Krisen- und Verlusterfahrung lernen.

Viele Veränderungsprogramme gehen irrtümlich von der scheinbar optimistischen Annahme aus, Veränderung sei ein Gewinn ohne Verluste und eine Frage der Einstellung. Zu Recht stellten Kritiker fest, dass zu wenig Aufmerksamkeit auf die Verlustseite der Erneuerung verwendet wird: das Loslösen von vorhandenen Prozessen, das die Fähigkeit voraussetzt, sich von gewohnten Verfahren und Verhaltensweisen zu trennen. Weil Trennung aber immer auch Verlust bedeutet – löst sie Widerstand aus. Menschen haben nichts dagegen, sich zu verändern. Sie haben nur viel dagegen, verändert zu werden.

Veränderungen sind für Menschen grundsätzlich schwierig. Die erste Reaktion ist oftmals hoch emotional. Je negativer die Bewertung der Veränderung und der damit verbundenen Verluste, umso stärker die innere Verleugnung. Darauf folgt eine innere und äußere Auflehnung gegen die Veränderung. Kann ein Mitarbeiter eine Veränderung nicht aufhalten, sondern nur verzögern oder mitgestalten, tritt schnell Resignation ein. Aus dieser Resignation ergibt sich in den meisten Fällen das Loslassen des Alten, verbunden mit der Trauer um den Verlust. An diesem Punkt variieren die Entwicklungsmöglichkeiten: Manche Menschen verharren in dieser Trauer; andere wiederum durchleben den Umbruch und akzeptieren die neue Situation.

Zu den häufigsten Versäumnissen in der Gestaltung von Veränderungsprozessen gehört das »Schönreden«: Risiken werden heruntergespielt, negative Folgen verschwiegen oder als vernachlässigbar dargestellt. Selbst dann, wenn die Nachteile offen zutage treten und für jeden sichtbar sind, wird oft noch so getan, als würde die Veränderung allein eine Frage des guten Willens sein. Gerade Führungskräfte sind darauf trainiert, die Dinge ausnahmslos positiv darzustellen und jeden negativen Einwand abzuwehren. Intern führt diese Form der Ausblendung von Verlusten, von beendeten Geschäftsbereichen dazu, dass Manager seitens ihrer Mitarbeiter an Glaubwürdigkeit verlieren. Wer Engagement möchte, muss einen Sinn für die Wirklichkeit der Mitarbeiter haben und sie im übertragenen Sinn in ihrer »Trauerarbeit« unterstützen.

Denn bei Veränderungen gibt es nie nur Gewinner, sondern auch Verlierer und Verluste. Veränderungen führen in der Regel zu einer Verschiebung von Positionen und Rangordnungen, Ansprüche werden in Frage gestellt, Zuständigkeiten verändern sich. Wenn die Leute wissen, was auf sie zukommt, haben sie selbst bei negativen Veränderungen in der Regel ein stärkeres Gefühl der Kontrolle, als wenn sie im Unwissen gelassen werden. Ein Manager, dem daran gelegen ist, seine Mitarbeiter gut zu informieren, spricht rechtzeitig, offen, ehrlich und ausführlich auch die Verluste an, die mit der Veränderung einhergehen.

Der Aufstand des Individuums

Warum fällt das Verändern so schwer? In jedem Veränderungsprozess kämpft man auf zwei Ebenen: der – individuellen – Wahrnehmungs- und der – kollektiven – Handlungsebene. Um individuelle Veränderungs*bereitschaft* zu erzielen, sind Kommunikationsqualität und Vertrauensaufbau entscheidend. Notwendigkeit und Richtung der Veränderung müssen für jeden erkennbar sein. Nur wer das Objekt der Veränderung zu deren Subjekt macht und den Einzelnen in seiner Einzigartigkeit ernst nimmt, wird in Change-Projekten erfolgreich sein.

Das hat historische Gründe: Nach dem Zweiten Weltkrieg lassen sich in Westeuropa mehrere Individualisierungswellen nachzeichnen. Zwar war die Selbstautorisierung des Individuums für die Moderne von Anfang an kennzeichnend. Aber wir leben nun unter den Voraussetzungen verinnerlichter Demokratie. Die Menschen sind hoch individualisiert, mit großen Freiräumen aufgewachsen, im Vergleich zu früher hervorragend ausgebildet. Die Antworten auf die Frage nach dem Berufsverständnis kreisen in der Regel um Selbstbestimmung und Autonomie: nach bestem Wissen arbeiten, nicht stehen bleiben, Fachwissen ausbauen durch Fortbildung, Unabhängigkeit anstreben, nicht nur tun, was gefordert ist, sein Umfeld beeinflussen und verändern, Verantwortung übernehmen, sich für größere Entscheidungsspielräume einsetzen. In allen einschlägigen Untersuchungen wird deutlich: Der Sinn des

Lebens besteht für Jugendliche heute darin, ehrlich zu sich selbst zu sein, vor sich selbst bestehen zu können, eine unabhängige Persönlichkeit zu werden, Fähigkeiten zu erwerben und einzusetzen.

Im Widerstand gegen Institutionen mit falschen Angeboten, im Streben nach Autonomie erleben wir einen kulturgeschichtlichen Wandel in der Selbstauffassung der Person. Das gemeinsame Motiv dieser Äußerungen ist individuelle Persönlichkeitsentwicklung. Unverwechselbar zu sein, einen Unterschied zu machen. Nicht mehr Anpassung und Pflichterfüllung in Beruf und Familie sind der Sinn des Lebens, sondern Selbstbestimmung. Der »Aufstand des Individuums«, wie Reinhard K. Sprenger die Veränderung im Titel eines Buches zum Thema nennt, hat viel Ähnlichkeit mit der »stillen Revolte«, die wir im Blick auf die Sterbekultur heute erleben. Dieser Aufstand hat erhebliche Konsequenzen für die Unternehmen. Mitarbeiter sind keine gesichtslosen Befehlsempfänger mehr; sie sind selbstbewusster, individueller, reflektierter. Sie wollen, dass man ihre Namen kennt. Die Menschen wollen offensichtlich in ihrer Individualität stärker berücksichtigt werden, als das bisher der Fall war.

Der Preis der Flexibilität

Die Geschichte des Verhältnisses des Einzelnen zur Organisation ist nicht nur eine Geschichte des technischen Wandels, sondern vor allem des Wandels unseres Menschenbildes. Doch die meisten Unternehmen ignorieren den Faktor »Mensch« in seiner Individualität. Mit dem Ringen um ein neues Verhältnis von Einzelnem und Gesellschaft wird auch das Verhältnis von Individuum und Unternehmen spannungsvoll. Hinzu kommen die Auswirkungen jener Entwicklung, die Globalisierung zu nennen wir uns angewöhnt haben. Sicher ist: Der Verlust von Gewissheit und organisatorischer Sicherheit steigert die Bedeutung der Person. Wenn Gewissheiten zerbrechen, wenn auch die Garantiefunktionen der Institutionen in Zweifel gezogen werden, dann ist die Person auf sich selbst angewiesen.

Damit wachsen die Anforderungen an Unternehmensführungen erheblich. Sie müssen Veränderungsprozesse initiieren und damit »Krisen« erzeugen. Der Preis der geforderten Flexibilität ist der Verlust von Stabilität und Sicherheit. Moderne Organisationen geraten in einen Dauerkonflikt: Sie müssen Stabilität geben und zugleich diese Stabilität immer wieder zerstören, um den sich wandelnden Anforderungen gerecht zu werden. Die größte Herausforderung dabei ist es, die natürliche menschliche Reaktion auf Unsicherheit und Verlust anzunehmen und ihre Verarbeitung zu unterstützen. Dafür ein Bewusstsein und Kompetenzen zu entwickeln ist eine Aufgabe, für die Führungskräfte mehr benötigen als theoretische Kenntnisse und kognitives Wissen: Lebens- und Leidenserfahrung, die Einsicht in Endlichkeit und Grenzen der menschlichen Belastbarkeit. Der Erwerb solcher Kompetenzen steht auf keinem Lehrplan der Managementausbildung. Unternehmen, die gerade heute auf das Engagement und die Einsatzbereitschaft ihrer Mitarbeiter angewiesen sind, können aus den Erfahrungen und Erkenntnissen der Trauerbegleitung viel gewinnen.

Niemand wird bestreiten, dass sich unsere Welt in rasender Geschwindigkeit verändert und dass Unternehmen auf diese Veränderungen reagieren und sie gestalten müssen. Die Erwartung an Führungskräfte und Mitarbeiter wird klar formuliert: »Liebe den Wandel! Sei ein Change-Manager!« Musste man früher die Änderung rechtfertigen, so muss man heute die Nicht-Änderung begründen. Es gelten neue Regeln: Nicht mehr Gehorsam, Disziplin und Konformität sind gefordert, sondern Veränderungsfähigkeit und schnelle Reaktion, Flexibilität und Handlungsfähigkeit.

*

In den meisten Unternehmen ist die Arbeit nicht mehr auf bestimmte Funktionen festgelegt, sondern an Aufgaben orientiert. Die kurzfristige, aufgabenorientierte Arbeit verändert auch die Zusammenarbeit zwischen den Beschäftigten. In der Befehlskette pyramidenförmig aufgebauter Institutionen tut man seine Pflicht und erfüllt seine Funktion. Am Ende wird man wegen seiner Leistung oder seines Dienstalters belohnt. Möglicherweise wird man auch übergangen oder degradiert. In jedem Fall jedoch ist die Infrastruktur der Firma völlig klar. Bei veränderlicher, kurzfristiger und aufgabenorientierter Arbeit ist sie das nicht. Die Struktur des Unternehmens ist nicht mehr so exakt definiert wie einst – die Zukunft ist nicht vorhersagbar.

Arbeit ist kein Besitzstand und hat auch keinen festgelegten Inhalt mehr. Sie wird zu einem Punkt in einem Netz, das sich ständig verändert.

Die Kehrseite der Veränderungen

Es ist kein Zufall, dass flexible Organisationen besonderen Wert auf Fähigkeiten im Bereich »zwischenmenschlicher Beziehungen« legen und eigens Trainingsprogramme dafür anbieten. In solchen Institutionen müssen die Menschen mit schlecht definierten Situationen umgehen können. Die von flexiblen Organisationen verlangte soziale Qualifikation besteht in der Fähigkeit, mit andern in Arbeitsgruppen gut zusammenzuarbeiten, die nur für kurze Zeit bestehen und in denen man seine Kollegen nicht genauer kennen lernt. Wird die Arbeitsgruppe aufgelöst und man selbst in eine neue Gruppe versetzt, muss man sehen, dass man möglichst schnell in dem neuen Umfeld zurechtkommt.

Die Zeit rast, und wir rasen mit. In immer kürzeren Abständen müssen immer mehr Veränderungen verarbeitet werden. Wir müssen uns fortlaufend an Situationen anpassen, die nicht beständig sind, und leben in einer instabilen, provisorischen Arbeitswelt. Doch jeder Mensch hat ein eigenes Zeitmaß, wenn es gilt, Verluste zu verarbeiten und sich neu zu orientieren. Die Kehrseite dieses Wandels erleben all jene, die den Anforderungen zeitweise oder auf Dauer nicht gewachsen sind.

Seit Mitte der 1980er Jahre verzeichnen Arbeitsmedizin und Unternehmensforschung die neue Bedeutung von Angst, psychosomatischen Störungen und Depressionen. Als Heinz Nixdorf auf der Cebit 1986 mit einem Herzinfarkt zusammenbrach, war Burn-out im Management ein öffentliches Thema. Jenseits der Extremfälle gilt: Immer weniger Menschen müssen immer mehr arbeiten. Immer mehr Menschen fühlen sich durch steigende Belastung im Beruf bei knapperen Zeitbudgets unter Druck gesetzt. Die psychischen Belastungen am Arbeitsplatz wachsen. Der Umsatz an Beruhigungsmitteln und Antidepressiva wächst jährlich um 10 Prozent. Jeder zehnte Fehltag, ermittelte das AOK-Institut, war 2010 auf akute Erschöpfung und Depression zurckzuführen. Im Vergleich zu 1999 ist das ein Anstieg um 80 Prozent. Aus einer Untersuchung der Techniker Krankenkasse geht hervor, dass gerade Zeitarbeit – bei der seit Jahren die höchsten Wachstumsraten unter den Beschäftigungsformen zu verzeichnen sind – der Gesundheit der Beschäftigten schadet. Im Jahr 2010 war jeder Leiharbeiter in Deutschlang durchschnittlich 15 Tage krankgeschrieben und damit mehr als andere Arbeitnehmer. Die Ursachen dafür lassen sich zum Teil auf das Prinzip der Zeitarbeit selbst zurückführen. Arbeitsplatzunsicherheit, mangelnde Entwicklungsmöglichkeiten, häufig wechselnde Einsatzorte sowie Niedrigstlöhne gingen offenkundig »auf die Nerven und auf die Knochen«.

Die Gründe für die zunehmenden Belastungen sind nicht allein in den objektiven Bedingungen der Arbeitswelt zu finden. Objektiv betrachtet ist das Arbeiten heute sicherer und verschlingt weniger Zeit als vor Jahrzehnten. Bis Mitte der 1950er Jahre war die Sechs-Tage-Woche die Regel, körperliche Schwerarbeit war verbreitet, Unfälle häufiger. Bestimmungen zum Arbeitsschutz, optimierte und vielfach automatisierte Prozesse haben den Arbeitsplatz weithin zu einem angenehmeren Ort gemacht – an dem immer weniger Zeit verbracht wird. Arbeitsstunden und Arbeitsvolumen haben sich in Deutschland seit 1970 fast jedes Jahr verringert. Leistete damals noch jeder Erwerbstätige in Westdeutschland durchschnittlich 1966 Arbeitsstunden, waren es 1991 nur noch 1559 Stunden, und im Jahr 2007 lag der Wert für Gesamtdeutschland bei 1 433 Stunden. Die Produktivität pro Arbeitsstunde verbesserte sich zwischen 1991 und 2007 um rund ein Drittel.

Wie passt das zusammen? Für den Anstieg der seelischen Belastungen am Arbeitsplatz gibt es mehrere Gründe. Durch den Zerfall von Familien und fehlende Bindungen gewinnt die Erwerbsarbeit eine größere Bedeutung. Für viele Menschen ist der Beruf nicht nur Einnahmequelle, sondern er gibt ihrem Leben Sinn und Inhalt. Damit steigt der

Druck, perfekt zu funktionieren – und die Enttäuschung, wenn dies nicht genügt oder nicht zum Erfolg führt. Das Scheitern wiegt umso schwerer. Hinzu kommt, dass in einer zunehmend entgrenzten Arbeitswelt die Menschen gefordert sind, selbst Grenzen zu ziehen und persönliche Grenzen zu akzeptieren.

Im Kampf gegen die Verluste, die der Leistungs- und Veränderungsdruck in Unternehmen für Menschen bedeutet, kommt Führungskräften eine Schlüsselrolle zu: Sie müssen in der Lage sein, die Belastung ihrer Mitarbeiter zu erkennen, die Grenzen dieser Belastbarkeit zu akzeptieren, Leiden wahrzunehmen und die Verlusterfahrung in Veränderungsprozessen als »Trauerarbeit« anzuerkennen. Das gilt im besonderen Maße für den Umgang mit Entlassungen, die Menschen sehr oft in eine existenzielle Krise stürzen.

Überlebenden-Depression

Personalabbau in Unternehmen ist Alltag und beschränkt sich nicht nur auf Krisenzeiten. Auch im Aufschwung werden Geschäftsbereiche verlagert, Kosten gesenkt, Menschen entlassen. Für die Betroffenen ist die Kündigung in den allermeisten Fällen ein schwerer Schlag, ein Schock – und hinterlässt auch bei den nicht unmittelbar Betroffenen eine tiefe Verunsicherung und Erschütterung, die viele Gemeinsamkeiten mit dem aufweist, was »Hinterbliebene« erleben. In den USA spricht man von einer »Überlebenden-Depression«, die mit Passivität, eingeschränkter Lernfähigkeit und Niedergeschlagenheit einhergeht. Dazu kommen oft auch Aggressionen. »Die meisten Mitarbeiter, die im Unternehmen bleiben, empfinden neben spontaner Erleichterung auch Schuldgefühle gegenüber den entlassenen Kollegen«, sagt der Psychologe Thomas Kieselbach, der im Rahmen eines EU-Projekts die Auswirkungen von Umstrukturierungen auf die Gesundheit der Mitarbeiter untersucht hat. Viele, die von Entlassungen verschont blieben, leiden anschließend stärker unter Stress und Herz-Kreislauf-Erkrankungen. Sie machen sich Gedanken darüber, warum es sie nicht getroffen hat.

Wenn im Unternehmen diese emotionalen Faktoren zu wenig beachtet werden und die möglichst reibungslose »Entsorgung« der Mitarbeiter im Vordergrund steht, kann vielleicht das direkte und kurzfristige Ziel der Kostensenkung erreicht werden; die indirekten Folgen in Form von sinkender Leistungsfähigkeit und schwindender Loyalität können aber dazu führen, dass das Unternehmen langfristig geschwächt wird. Auch dies bestätigen Forschungsergebnisse. Die Frage, wie Unternehmen mit gekündigten Mitarbeitern umgehen, ist daher nicht nur eine Frage des Einfühlungsvermögens. Sie hat ökonomische Konsequenzen, weil sie eine zentrale Rolle für die künftige Motivation der verbleibenden Mitarbeiter spielt. Von entscheidender Bedeutung ist eine offene Kommunikation.

Im Verlauf einer Entlassungswelle zeigen sich deutliche Parallelen zu Trauerprozessen. Auf den ersten Schock folgt oft eine Phase der Verdrängung, in der die Betroffenen scheinbar emotionslos weiter »funktionieren« und ein Gefühl von Normalität vermitteln. Diese Phase endet oft abrupt, wenn die Realität der Entlassungen greifbar wird, beispielsweise mit der Vorstellung des Sozialplans oder wenn Mitarbeitern der Erfassungsbogen für die gesetzlich vorgeschriebene Sozialauswahl zugeschickt wird. Bald danach folgen die Trennungsgespräche und Briefe. Die Kündigung selbst ist dann ein erneuter Schock, der starke Emotionen auslöst – Schmerz, Angst, Wut. Erst nach einiger Zeit, oft mehreren Wochen, gelingt es, die Realität zu akzeptieren und in eine Phase der persönlichen Neuorientierung einzutreten. Doch auch hier gilt, dass Verallgemeinerungen der individuellen Situation und der Individualität nicht gerecht werden.

Mitarbeiter, die es nicht »erwischt« hat, wissen oft nicht, wie sie im Büroalltag mit den Betroffenen umgehen sollen. Viele meiden den Kontakt, sprechen das Thema bewusst nicht an. Ähnlich wie Trauernde berichten Entlassene häufig davon, dass auch der private Kontakt zu den Kollegen abbricht; neben den materiellen Existenzängsten ein weiterer Stressfaktor. Für viele Menschen bilden Arbeitskollegen auch das soziale Umfeld, das sie sich im Laufe der Zeit geschaffen haben, und sie tauschen sich über die Arbeit aus. Wenn nach der Kündigung der Kontakt abbricht, das Thema fehlt, führt das die Betroffenen weiter in die Isolation. Sie ziehen sich zurück.

Für die im Unternehmen verbleibenden Mitarbeiter ist der Umgang der Führungskräfte mit Personalabbau der »Testfall«, an dem sie ablesen, wie weit her es mit dem Spruch von den »Mitarbeitern als wertvollstem Kapital« ist. Es ist daher von größter Bedeutung, mit welcher persönlichen Haltung und mit welchen Gesten und Handlungen die Verantwortlichen reagieren und wahrgenommen werden. Für einen »Neuanfang« entscheidend ist, dass genügend Zeit eingeräumt wird, um die Erschütterung zu verarbeiten und die »Trauerarbeit« gemeinsam abzuschließen.

Von der Art, wie solche drastischen Einschnitte von Unternehmenswie von Mitarbeiterseite bewältigt werden, hängt es ab, wie die Zeit danach aussieht.

13

Der Tod und sein Preis

Die Kosten-Nutzen-Brille

Mit Sterben, Tod und Trauer verbinden sich nicht nur persönliche, gesellschaftliche und philosophische Fragen. Eine Sterbe- und Trauerkultur hat, im Guten wie im Schlechten, auch eine ökonomische Seite. Die Problematisierung des Sterbens bleibt nicht ohne ökonomische Konsequenzen.

Der letzte Lebensabschnitt ist, so rechnen die Krankenkassen vor, der kostspieligste Abschnitt überhaupt. Zwei Drittel der Krankenhauskosten, die ein Mensch in Deutschland heute verursacht, fallen in seinen letzten Lebensmonaten an. Kein Preis scheint zu hoch, um Menschen am Ende des Lebens medizinisch zu versorgen und dieses Ende möglichst lange hinauszuzögern.

Anders sieht es aus, wenn es um den Umgang mit dem Verstorbenen geht. Möglichst schnell, möglichst günstig – wozu eine teure Bestattung, wozu eine aufwändige Trauerfeier? Die ökonomische Kosten-Nutzen-Brille wird auch am Ende des Lebens nicht abgenommen. Wie können wir das schnell hinter uns bringen, damit die Normalität weitergehen kann? Viele wollen oder können keine Verantwortung für die Grabpflege mehr übernehmen.

Und wo eine Nachfrage besteht, entwickelt sich das entsprechende Angebot. In der Bestattungsbranche ist das nicht anders als in anderen Märkten. Trotzdem ist der Bestattermarkt, der in Deutschland von vielen kleinen und mittelständischen Betrieben geprägt ist, schwer mit anderen Dienstleistungsbranchen zu vergleichen.

In den vergangenen zwei Jahrzehnten hat sich die Bestattungskultur in Deutschland stark verändert und infolgedessen auch die Bestatterbranche. Beerdigungen nach traditionellem Muster sind aus der Mode gekommen. Die Nachfrage spaltet sich in einen Trend zu individuellen Bestattungsformen auf der einen Seite und zu Billigangeboten auf der anderen Seite.

Auch wir Bestatter sehen uns, wie andere Dienstleistungsbranchen, einem veränderten Entscheidungsverhalten unserer »Kunden« gegenüber. Das Preisbewusstsein steigt, Vergleiche und Verhandlungen sind keine Seltenheit. Die Zahl der Menschen, die sich nicht mehr mit christlichen Werten und Normen identifizieren, wächst, und viele traditionelle Bestattungs- und Gedenkformen verlieren dadurch an Bedeutung.

Wenn heute immer häufiger das günstigste Angebot den Vorzug erhält, dann spiegelt sich darin auch der Bedeutungsverlust der Bestattung als soziales Ereignis. Viele Menschen halten eine aufwändige und kostspielige Beerdigung für nicht mehr notwendig. Erdbestattungen mit Kosten zwischen 2 200 und 6 000 Euro sind immer weniger beliebt. Ihr Anteil sank von 70 Prozent im Jahr 1994 auf 50 Prozent im Jahr 2007, und der Trend hält an.

Auch die Marktsituation hat sich stark gewandelt. Im Jahr 1980 teilten sich gerade einmal 2 200 Betriebe den deutschen Markt – heute sind es mehr als doppelt so viele, nämlich 4 500. Fast alle sind Familienunternehmen. Da der Bedarf bei rund 800 000 Sterbefällen pro Jahr in etwa gleichbleibend ist, besteht ein Verdrängungswettbewerb. Nach dem Fall der Mauer sind viele Betriebe aus dem Osten und Osteuropa dazugekommen.

Inzwischen haben Gesetzesänderungen manches ermöglicht, was zuvor undenkbar war. So sind seit 2002 in manchen Bundesländern private Krematorien erlaubt. Etwa ein Drittel der deutschen Krematorien befindet sich inzwischen in privater Hand.

Nach wie vor erwirtschaftet die Branche zwar Gewinn, doch der Jahresumsatz pro Bestattungsunternehmen ist seit den 1990er Jahren um rund ein Viertel gesunken. Am stärksten davon betroffen sind wenig spezialisierte Institute in den Großstädten.

Friedhofszwang versus Vielfalt

Auch auf den Friedhöfen ist der Wandel der Bestattungskultur deutlich ablesbar. Viele städtische Friedhöfe kämpfen mit »Überhangflächen«. Sie unterliegen im Gegensatz zu Bestattern strikten Reglementierungen, die bis heute eine Differenzierung weitgehend verhindern. Friedhöfe können in ihrer Trägerschaft in zwei Gruppen unterteilt werden: städtische oder kommunale Friedhöfe und Friedhöfe, die von einer lokalen Glaubensgemeinschaft betrieben werden. Einen Wettbewerb zwischen den einzelnen Einrichtungen gibt es praktisch nicht, und sie sind auf den ersten Blick auch kaum voneinander zu unterscheiden.

In Deutschland müssen Verstorbene per Gesetz auf Friedhöfen beigesetzt werden. Einzige Ausnahme war lange Zeit die Seebestattung. Erst langsam weichen die Regeln ein wenig auf: So gibt es inzwischen Kolumbarien – Urnenwände – bei Bestattern. Wer sich den strengen Regeln nicht unterwerfen will, schließt sich dem zunehmenden Trend zum Beerdigungstourismus in Nachbarländer an. Schätzungen gehen davon aus, dass dies bis zu 30000 Verstorbene im Jahr betrifft: Ihre Asche wird etwa in der Schweiz oder in den Nierderlanden verstreut oder in Urnen gefüllt, die die Angehörigen schließlich mitnehmen dürfen.

Eine Liberalisierung beziehungsweise ein Ende des Friedhofszwangs wäre eine Voraussetzung, um mehr Vielfalt entstehen zu lassen. Eine individuelle Gestaltung von Gräbern abseits bestehender Normen oder die Anlage von Friedhöfen an alternativen Standorten könnte bewirken, dass die Toten und das Gedenken an sie stärker als bisher in die Städte und Gemeinden integriert werden.

Die Toten haben ihren Platz in der Mitte der Gesellschaft verloren. Trauernde fühlen sich oftmals allein gelassen – von den Verstorbenen, von ihren Freunden und nicht zuletzt von denen, die eigentlich von Berufs wegen dafür zuständig wären, den Trauernden helfend zur Seite zu stehen: den Bestattern, die sich der Vielfalt ihrer möglichen Aufgaben oft noch nicht bewusst sind.

Die TrauerOase

Unsere Aufgabe als Bestatter ist es, der Trauer eine Heimat zu geben. Ausgehend von unserer Überzeugung, dass Trauerarbeit wichtig ist, für den Einzelnen wie für unsere Gesellschaft, haben wir eine besondere Verantwortung. Es gilt, den Angehörigen und ihren Toten mit Respekt und Würde zu begegnen.

Trauer ist wie ein einsamer Marsch durch die Wüste – eine lange Durststrecke, die zu überwinden viel Kraft und Mühe kostet. Bestatter sollten als Trauerbegleiter den Hinterbliebenen auf diesem Weg zur Seite stehen und Orte in der Wüste schaffen, an denen der Trauernde verweilen, ausruhen und sich seinem Schmerz stellen kann.

Ich möchte Angehörigen Mut machen, sich der Trauer zu stellen und sie auszuleben. Bestattungsunternehmen, denen das Gütesiegel »TrauerOase« verliehen wurde, schaffen dafür den geeigneten Raum. Mit diesem Gütesiegel – ein Begriff, der im Zusammenhang mit dem Bestattungswesen vielleicht ungewohnt klingt – wird zunächst bestätigt, dass die Qualität der Leistung eines Bestatters geprüft und ausgezeichnet wurde. Dabei sollen nationale und regionale Besonderheiten und die Individualität der ausgezeichneten Unternehmen erhalten bleiben.

Die Qualität der Dienstleistung, das Ambiente der Beratungs- und Abschiedsräume sind wichtige Kriterien für die Verleihung des Gütesiegels. Aber das wichtigste Kriterium sind die Menschen, die den Hinterbliebenen als Trauerberater und -begleiter zur Seite stehen.

Durch Verständnis, Wärme und Herzlichkeit sollen trauernde Menschen Ruhe finden, bei sich selbst anzukommen. Ich möchte Trauernde ermutigen, sich die Freiheit zu nehmen, eigenständig zu handeln. Die »TrauerOase« ist ein Ort, an dem Trauernde persönliche Wünsche und kreative Ideen umsetzen und so den Abschied von einem geliebten Menschen für sich fassbar machen und begreifen können.

Wir Bestatter dürfen nicht bestimmen, wir müssen begleiten und stützen.

14

Der letzte Wille
(Sterben und sterben lassen)

Hilfe für die Hinterbliebenen

Von der Wiege bis zur Bahre – alles ist organisiert und reglementiert. Schulnoten, Ausbildungszeugnisse; Magister, Diplome, der Führerschein – die Liste der Schriftstücke, die Ordnung in unser Leben bringen, ist beinahe endlos. Und dabei haben wir das Kontrollheft für die Zahnarztbesuche und das Bonusheft vom Fotoladen noch gar nicht eingerechnet. Abgestempelte Ausdrucke unseres Lebens, bis der Arzt die Unterschrift unter den Totenschein setzt.

Wir müssen im Leben so viele Dinge rechtzeitig planen und regeln. Von der Wahl der richtigen Krankenkasse bis hin zur privaten Altersvorsorge. Das Leben, die Krankheit, das Alter – wir versuchen die Fäden in der Hand zu behalten, solange es eben geht.

Und der Tod? Zu regeln, was nach ihm kommt, fällt vielen Menschen schwer, zwingt es uns doch, uns mit der eigenen Endlichkeit zu beschäftigen. Den Gedanken an ein Testament schieben wir lieber weit von uns. Kommt das Thema doch einmal auf den Tisch, heißt es oft: »Ja, natürlich sollte ich ein Testament machen.« Aber wer beschäftigt sich schon gerne mit dem Tod und dann noch mit dem eigenen. Lieber verdrängen wir die Tatsache, dass er irgendwann jeden ereilt, auch uns selbst. Viele Menschen scheinen auch die Befürchtung zu haben, sie würden mit der Unterschrift unter ein Testament den Tod sozusagen direkt anfordern und er werde ihnen dann postwendend zugestellt.

Noch schwerer tun sich die meisten Leute mit der Regelung der Totenfürsorge. Wer entscheidet, was im Fall der Fälle passieren soll? Wer zu Lebzeiten nicht festlegt, wie er zum Beispiel bestattet werden möchte, bürdet seinen Angehörigen unter Umständen eine schwere Entscheidung auf. Ein Schriftstück, das die Totenfürsorge regelt, entlastet die Angehörigen in der schweren Stunde der Trauer und gibt ihnen zudem das Gefühl, dem Verstorbenen noch einen letzten Wunsch zu erfüllen.

Man kann die Totenfürsorge auch Dritten übertragen, falls man keine Angehörigen hat oder die Familienmitglieder nicht bereit oder nicht in der Lage sind, sie zu übernehmen. Testamente und Verfügungen kann man beim Notar hinterlegen, sie können aber auch formlos verfasst und jederzeit widerrufen oder geändert werden. Auf jeden Fall sollte man dafür sorgen, dass sie nach dem Tod möglichst schnell in die richtigen Hände gelangen. Mit einem Testament und einer Verfügung über die Totenfürsorge regelt man nicht nur seine letzten Angelegenheiten. Man nimmt den Angehörigen auch eine schwere Last von den Schultern.

Selbstbestimmung am Ende des Lebens

Solange der Tod »kam«, musste sich keiner rechtfertigen. So wie die Geburt immer häufiger zu einem im Voraus geplanten Zeitpunkt eingeleitet wird, wird auch das Sterben immer mehr das Ergebnis einer Handlung, über die Experten, Betroffene und Angehörige entscheiden.

Das Individuum, das sich von allen Fesseln der Tradition befreit hat, ringt nun mit den Entscheidungen, die es selbst zu treffen hat. So schreibt der Erlanger Bioethiker Jochen Vollmann: »Die zahlenmäßige Zunahme von alleinstehenden und älter werdenden Menschen in einer dynamischen, individualisierten und wertepluralistischen Gesellschaft macht eine rechtzeitige Entscheidungsfindung und Planung für den Fall von Krankheit und Sterben erforderlich... Vor dem Hintergrund begrenzter Ressourcen im Gesundheitswesen wird auch eine medizinisch und ethisch begründete Prioritätensetzung zwischen kurativer und palliativer Medizin unvermeidbar sein. Angesichts hoher Krankenhausbehandlungskosten am Lebensende wird insbesondere bei hochbetagten Patienten zu entscheiden sein, ob diese Ressourcen nicht besser in eine gemeindenahe palliative Medizin investiert werden sollen.«

Die Entscheidungsfragen und Wertedebatten, die aus den Fortschritten der Medizin erwachsen, treten besonders am Lebensende hervor. Was soll mit komatösen Patienten geschehen? Wie viel kurative Medizin ist sinnvoll und human? Das 21. Jahrhundert antwortet auf die Todesängste der Menschen nicht mehr mit Philosophie, auch kaum noch mit Religion, sondern zuerst mit Institutionalisierung. Die Institutionalisierung des Sterbens kann auch begriffen werden als der Versuch, die Schrecken des Todes zu domestizieren.

Je deutlicher christliche und aufklärerische Fundamente wegbrechen, desto heikler werden ethische Fragen. Aus welchen Quellen sollen sie beantwortet werden? Kann der säkulare Staat moralische Ressourcen aus sich heraus entwickeln? Noch scheint es einen gesicherten europäischen Konsens darüber zu geben, dass »nutzlos« gewordene Menschen nicht entsorgt werden. Ist dieser Konsens den christlichen und aufklärerischen Überbleibseln in den europäischen Gesellschaften zu verdanken? Die Euthanasiefrage ist nicht nur eine praktische oder juristische oder medizinische Frage. Sie ist zuerst eine ethische Frage in einer Lebenswelt, der die Grundlagen ihrer Ethik weitgehend abhanden gekommen sind. Vielleicht ist die Euthanasiedebatte auch mit der Chance verbunden, die Bindung an abendländische Traditionen als wichtig wahrzunehmen, weil sonst einer Ethik der Nützlichkeit nichts mehr entgegenzusetzen ist. Es sind große Fragen, die sich uns in der Diskussion um Sterben und Tod stellen. In dem Augenblick, in dem der Tod machbar geworden ist, kommen neue ethische Fragen auf uns zu, Fragen nach Werten, individuellen Freiräumen und gesellschaftlich notwendigen Grenzen.

Die Selbstbestimmung, die im Leben zu den höchsten Werten zählt, ist am Lebensende zu einer Streitfrage geworden: Wer soll, wer darf, wer kann entscheiden, ob und unter welchen Umständen ein Mensch in medizinischer Obhut sterben darf? Bis vor wenigen Jahren galt für Ärzte offiziell eine klare Linie: Selbst wenn ein sterbenskranker Patient den Tod herbeisehnte, kam eine Unterstützung des Arztes nicht in Frage

– allenfalls eine Sterbebegleitung. Von einer solch klaren Linie kann inzwischen nicht mehr die Rede sein. Im Jahr 2009 wurde das Gesetz zur Patientenverfügung verabschiedet, das die Selbstbestimmung Kranker am Ende ihres Lebens stärkt. Der Wille des Patienten ist verbindlich, bis zum Lebensende. Was jemand festlegt für den Fall, dass er seinen Willen nicht mehr äußern kann, das muss sein Arzt auch beachten. Diese Willensbekundung muss weder notariell beglaubigt sein noch von einem Mediziner bestätigt werden.

Im Juni 2010 sprach der Bundesgerichtshof den Arzt und Anwalt Wolfgang Putz frei: Er hatte der Tochter einer todkranken Frau die Empfehlung gegeben, die Magensonde ihrer Mutter zu durchtrennen. Eine Behandlung abzubrechen sei gerechtfertigt, begründete das Gericht seine Entscheidung, wenn das dem Willen des Patienten entspreche. Die veränderte Auffassung zu ärztlichen Pflichten und ärztlichem Ermessen zeichnete sich ab und wurde vom Bundesärztekammerpräsidenten Jörg-Dietrich Hoppe bestätigt: »Wenn ein Arzt es ethisch mit sich vereinbaren kann, beim Suizid zu helfen, dann kann er das auch unter heutigen Bedingungen schon tun.«

Doch in der Neuordnung des Standesrechts wurde im Juni 2011 die Rückkehr zu klaren Verhältnissen ohne Ermessensspielräume festgelegt und die ärztliche Möglichkeit zur Begleitung im Suizid ausgeschlossen. Verstößt ein Arzt dagegen und ist bereit, einem Todkranken seinen Sterbewunsch zu erfüllen, droht ihm der Verlust der Approbation. Die Neuformulierung soll Klarheit schaffen, was ärztliches Handeln darf und nicht darf. »Das Gewissen der Ärzte soll gleichgeschaltet werden«, kritisiert Michael de Ridder, ein prominenter Befürworter des ärztlich assistierten Suizids in gut begründeten Einzelfällen. Auch die Palliativmedizin kann nicht alle Schmerzen lindern.

In Deutschland sind zwischen 60 und 80 Prozent der Bürger der Ansicht, dass es Ärzten erlaubt sein sollte, Schwerstkranken auf Wunsch ein tödliches Mittel bereitzustellen.

Es sind Grenzfragen, die hier verhandelt werden. Wo liegen die Grenzen, innerhalb derer Menschen – Ärzte – ihrem Gewissen folgen dürfen, sollen? Wer Sterben als einen natürlichen Prozess begreift, kann auch die Aufgabe des Arztes so begreifen, dass er diesen Prozess nicht mit allen technischen Mitteln aufhalten darf. Es sind keine Fragen, die sich allgemein, abstrakt entscheiden lassen – auch nicht im Verbot; jeder Einzelfall erfordert eine eigene Einschätzung. Die sollte von demjenigen getroffen werden dürfen, um dessen Leben und um dessen Tod es geht.

Teil IV

15
Aus dem Schatten der Trauer

Die guten Ratschläge der anderen

»Das Leben geht weiter.« Diesen Satz bekommt fast jeder Mensch in einer tiefen Lebenskrise von irgendeiner Seite zu hören. Es ist ein Satz, der vollkommen richtig und vollkommen falsch zugleich ist: Das Leben der andern und das Leben an sich geht natürlich weiter, es fahren weiter Straßenbahnen und Grashalme wachsen. Doch das Leben im persönlichen Sinne, mein Leben, geht nach einem schweren Verlust – und welcher Verlust könnte schwerer zu verkraften sein als der Tod eines geliebten Menschen? – *nicht* so weiter. Es hält an, und wenn es dann wieder weitergeht, ist es ein anderes Leben.

Die Schriftstellerin Sibylle Berg drückte das in ihrer *Spiegel*-Kolumne im März 2011 sehr treffend aus: »Wie kann man weitermachen, wenn man merkt, wie schnell alles vorbei ist? Wenn der Tod den Menschen nimmt, den man liebt? ... Wenn der geliebte Mensch nicht mehr da ist? Ich habe keine Ahnung, wie man mit der Trauer weiterleben kann, und warum man es sollte. Und noch ein Jahr herumbringen, mit dem Füllen des Kühlschranks, dem Warten auf den Feierabend, dem Sonntag, der leer ist... und noch ein Jahr, und alt werden daran, wie das gehen soll, ich weiß es nicht.«

Der Tod eines Menschen, mit dem man tief verbunden ist, beendet unwiederbringlich einen Teil der Existenz. Es wird nicht mehr so sein, wie es vorher war, das Leben.

Es gibt keine Therapie gegen dieses Gefühl, die so richtig wäre wie die Penicillin-Behandlung bei einer Mittelohrentzündung. Es gibt Anteilnahme, und es gibt den Trost, den es bedeutet, wenn jemand zuhört.

Ohne Ratschläge, ohne: »Ich an deiner Stelle...«, ohne die Versicherung des Gegenüber, er wisse, was in einem selbst vorgeht. Etwas gemeinsam aushalten anstatt davonzulaufen ist keine leichte Übung in einer Zeit, in der es für alles eine Lösung, ein Medikament oder einen Experten zu geben scheint. Es ist nicht einfach, zuzugeben, dass man ratlos ist.

Jeder weiß, wie verbreitet Ermunterungen von professioneller wie von privater Seite sind, wenn wir ein Problem haben. Niemand wird dabei absichtlich Worte wählen, die uns verletzen. Aber es sind trotzdem oft die falschen Worte, die gewählt werden. Sie fallen zur falschen Zeit und sie fallen aus falschen Vorstellungen darüber, was Trauer bedeutet. Vor allem, was sie im Einzelfall bedeutet. Trauer ist nicht einfach nur »schwarz«, Trauer hat so viele Farben wie es Menschen gibt und wie das Leben selbst. Das anzuerkennen wäre ein erster Schritt, um Trauernden echten Trost geben zu können, anstatt sie in ihrer Einsamkeit und Verlorenheit zu isolieren. Jeder Mensch trauert anders und wird anders mit Verlusten umgehen. Trauernde brauchen keine Anleitungen und keine Rat-»Schläge«, die leider oft mehr als Schlag denn als Rat empfunden werden. Sie brauchen Respekt, Zuwendung und die Bereitschaft, sich auf ihre individuelle Situation einzulassen. Sie brauchen jemanden, der einen Raum schafft, in dem sie sich aufgehoben fühlen und ihren Gefühlen freien Lauf lassen können.

Credo ergo sum

Es gibt weder Grund noch Anlass, diese Gefühle zu beurteilen oder zu bewerten. Trauer kann auch mit negativen Gefühlen – von Reue, Wut oder Enttäuschung beispielsweise – verbunden sein. Viele Menschen entdecken auf ihrem Trauerweg, dass sie vieles versäumt oder zu viel hingenommen haben, dass sie sich angepasst haben, anstatt zu ihrer eigenen Wahrnehmung und inneren Wahrheit zu stehen. Gerade solche Gefühle brauchen einen Raum, in dem sie erlaubt sind.

In der ersten Zeit der Erschütterung überdeckt der Schmerz alles andere. Gegen diesen Schmerz gibt es keine Erste Hilfe, die mit Worten zu beschreiben wäre – so klug sie sein mag. Es ist oft genug wiederholt worden: Die Philosophie hat noch keine Träne getrocknet. Wer Menschen in einer schweren Krise unterstützen will, hat nur einen großen Verbündeten: die Zeit. Trauer ist kein statischer Zustand, sondern ein (heilsamer) Prozess, der einen Verlust in die persönliche Lebensgeschichte einbindet. Dieser Verlauf ist nie eine gerade Linie, sondern ein Weg mit vielen Schleifen und Windungen.

Sehr greifbar und anschaulich wird dieser gewundene Weg in der Installation »Pfad der Sehnsucht«, die in meinem Haus in Bergisch Gladbach zu besichtigen ist. Sie beginnt mit der mehrfach gewundenen vergoldeten Linien-Skulptur aus Eisenblech von Knopp Ferro. Die Arbeit spiegelt den Verlauf des menschlichen Seins. Über Jahrhunderte sind wir zum *Cogito, ergo sum*, »Ich denke, also bin ich«, erzogen worden. Die gesamte Installation lädt den Betrachter ein, sich einem *Credo, ergo sum*, »Ich glaube, also bin ich«, zu öffnen. Deshalb verlässt er die Rationalitätsebene und steigt symbolisch ab auf eine emotionale Ebene.

Es ist unmöglich, einem Zurückbleibenden ein Konzept für seinen Trauerweg vorzugeben, aber es ist möglich, ihm ein Gespür zu vermitteln, dass er auch über den Tod hinaus von den »guten Mächten« derer, die er irdisch vermisst, begleitet wird. Der Weg in die »Zyklen der Stille« führt zu einer Glaswand. Hinter einem Schleier aus fließendem Wasser, das die stetige Veränderung allen Seins symbolisiert, steht ein Text von Nelly Sachs: »Alles beginnt mit der Sehnsucht«. Doch um dies zuzulassen und zu entdecken, muss der Betrachter erst den Tod der Person, nach der er sich sehnt, akzeptieren.

Jeder Tod ist für den, der damit leben muss, wie eine Lawine, ein Erdbeben, ein Zusammenbruch bestehender Lebensvorstellungen. Der Tod – symbolisiert durch eine Gerölllawine – bricht in die Alltagswelt ein. Der Betrachter muss seinen Weg durch ein Trümmerfeld finden. Und wenn er versucht, die Bruchstücke zu sortieren, entdeckt er die Spuren, die von der Lebensbahn des Verstorbenen zurückgeblieben sind.

Ein Abzweig führt in einen Glasgang. Die rechte Kopfwand ist vom übergroßen Foto der menschlichen DNA beherrscht. Sie vermittelt dem Betrachter die Einzigartigkeit jeden menschlichen Seins. Der Glasboden symbolisiert die Zerbrechlichkeit und gleichzeitig die Bedeutung aller menschlichen Beziehungen. Eine Wand mit Namen verdeutlicht dem Betrachter, wie viele Menschen ihn auf seinem Lebensweg begleiten. Gleichzeitig entsteht Erinnerung über das bewusste Wahrnehmen von Gegenständen, die in einem Glasregal aufbewahrt sind. Einige Spiegelscherben im Regal erlauben einen Aus- und Einblick auf die Himmelsöffnung – einem Glasboden über einem Schacht.

Mit der bewussten Wahrnehmung der Namen und der konkreten Erinnerungsstücke durchwandert der Betrachter auch diverse Stationen seines eigenen Lebens. Dies ruft Träume, Gefühle und besonders Sehnsüchte nach Geborgenheit, Wärme, Heimat, Kindsein hervor. Die Hoffnung, dass dieser Ort des Geborgenseins, des Glücks und der ewigen Vollkommenheit nach dem Tode im Himmel oder in einem verlorenen Paradies erfahrbar wird, ist eine der großen universellen Sehnsüchte der Menschheit.

Immer haben die Menschen versucht, dieses Paradies bereits zu Lebzeiten auf Erden zu verwirklichen. Hierzu lädt der nächste Raum ein, auch wenn der Eintritt in ein solches irdisches »Spiegelparadies« Überwindung erfordert. Diese Scheu mag zu Fluchten in Seitenwege führen. Leicht folgt der Mensch Täuschungen, Verlockungen und auch falschen Heilsversprechungen. Aber Sackgassen sind ein Bestandteil des Lebens. Dies zu erkennen und zu akzeptieren ist wichtig, und deshalb sollten wir immer wieder aus unseren Sackgassen heraus nach dem Paradies suchen, wo immer es sein mag.

Beim Durchschreiten des »Paradieses« wird am Ausgang des Weges eine Videoprojektion abgespielt. Zu sehen ist in eine Wiese, aus der die Samen von Pusteblumen aufsteigen, gleichzeitig schneit diese Sommerwiese immer mehr zu. Die Videoinstallation in Schwarz und Weiß steht im Kontrast zur realen Welt, in die man durch eine Türe wieder austritt. Diese reale Welt, die wir täglich erfahren dürfen, ist viel bunter und lebendiger als all die Scheinwelten, die uns heute so vertraut sind. Sie muss nur immer wieder neu entdeckt werden.

Der Betrachter verlässt die Ebene der Gefühle vielleicht etwas sehender, mutiger und hoffentlich lebendiger: Er wagt einen neuen Gang in das alltägliche Leben, wohl spürend, dass er in der ihm verbleibenden Zeit von denen begleitet wird, die er auf der Erde vermisst.

*

Trauerbegleitung kann auch bedeuten, dass man sich gemeinsam erinnert und das bewahrt, was bleibt: die Geschichte, die Erfahrung der gemeinsamen Zeit, die Besonderheiten und Erlebnisse. Niemand muss ein Musiker oder Maler, Schriftsteller oder Schauspieler sein, um genau das zu tun, was Künstler – Menschen, die wir so nennen – tun: einen eigenen Ausdruck finden für das, was in ihm vorgeht, was ihm wichtig ist, wie er die Welt sieht und wahrnimmt. Wenn man seine Gefühle, seine Erinnerungen und Empfindungen in einer Geschichte verarbeitet, in einem Bild malt, in eine Melodie verwandelt, gibt man ihnen eine einzigartige Form. Es spielt keine Rolle, ob dabei etwas entsteht, das in den Augen anderer ein Kunstwerk ist; es kommt nur darauf an, dass es unser ureigener Ausdruck von Gefühlen ist.

Trauer und Liebe nähren sich aus der gleichen Quelle – aus einer intensiven, inneren Bindung an einen anderen Menschen. Diese Quelle ist eine im Wortsinn »schöpferische« Kraft. Ich wage die Behauptung, dass bei acht von zehn Kunstwerken Liebe oder Leiden am Anfang steht. Es sind Grundmotive, die jeder aus seiner individuellen Sicht immer wieder neu erfindet und in Erfahrung verwandelt.

Das ist kein Zufall. Schmerz lehrt Aufmerksamkeit: »Leben ist eine Form des nicht sicher Seins, des nicht Wissens, was als nächstes kommt oder wie es kommt. In dem Augenblick, in dem du weißt wie, beginnst du, ein wenig zu sterben. Der Künstler weiß nie ganz genau. Wir raten. Wir haben vielleicht Unrecht, aber wir machen einen Sprung nach dem anderen in die Dunkelheit hinein.« (Agnes de Mille)

Die Bedeutung von Trauergruppen

Anregungen und Angebote, wie man Abschied und Tod verarbeiten kann, gibt es mittlerweile – glücklicherweise – viele: Im Internet, in

Trauergruppen, in ersten fortschrittlichen Bestattungshäusern findet man dazu viele Hinweise. Als ich zum ersten Mal zu einem »Kochseminar für Trauernde« in unser *Haus der menschlichen Begleitung* eingeladen habe, hielten manche das für eine Kuriosität. Spätestens beim zweiten Hinsehen erschließt sich der einen sehr nachvollziehbare Ausgangspunkt: Wenn man einen nahestehenden Menschen verliert, ändert sich der Alltag samt seinen Gewohnheiten und vertrauten Abläufen, auch was das Essen angeht. Gerade in diesem Punkt ähneln sich die Reaktionen vieler Trauernder. Sie haben wenig Appetit, fragen sich oft: »Für wen soll ich denn groß kochen?« Essen und Genuss passen nicht mehr zusammen.

Zu Beginn eines solchen Kochseminars erzählen sich die Teilnehmer von ihrem Alltag, von den Veränderungen, von früher und heute; danach überlegen sie gemeinsam, was sie zusammen kochen wollen, oder verteilen Aufgaben. Der zweite Teil kann mit einem »sinnlichen« Ausflug auf den Markt beginnen, um dort die Zutaten einzukaufen und die Vielfalt, die Farben, Formen, Gerüche wieder bewusst wahrzunehmen – die Sinne zu sensibilisieren. Danach kann die Gruppe, in der Umgebung des Seminars, im Freien, nach schönen Dingen für die Tischdekoration suchen. Auch hier ging es darum, die Sinne zu wecken. Schließlich wurde gemeinsam das Essen zubereitet, jede Gruppe kochte einen Gang, den sie den anderen anschließend servierte. Gemeinsames Kochen ist eine wunderbare Möglichkeit der Kommunikation und der sinnlichen Erfahrung. Es ist nur eines von vielen Angeboten, und ob das für Sie oder den Menschen, den Sie in in einer Trauerphase unterstützen wollen, das Richtige ist, muss jeder für sich entscheiden. Aber einen Versuch ist es allemal wert, wenn Sie der Gedanke anspricht.

Trauergruppen können viel leisten, weil sie einen Rahmen schaffen, in dem Gefühle mit anderen Menschen geteilt werden können. Nötig wäre daher ein flächendeckendes Angebot von Trauergruppen, wie sie heute unter anderem von kirchlichen und kommunalen Institutionen angeboten werden, vor allem auch von Hospizen. In solchen Gruppen erfahren Angehörige Trost und Bestärkung durch die Gemeinschaft. Sie können dort zum Ausdruck bringen, was ihnen innerhalb ihrer normalen – unveränderten – Umgebung, beispielsweise in der Familie oder am Arbeitsplatz, schwerfällt. Trauergruppen können Anregung und Abwechslung bieten, ohne Druck auszuüben. Sie fordern vom Trauernden nicht, dass er »wieder so ist wie früher«, wie ihn die anderen kennen.

Wir sind es längst gewohnt, für alles und jedes Rankings, Bewertungen und Ratschläge zu finden. »So finden Sie den besten Augenarzt in Ihrer Stadt«, »So finden Sie die richtige Schule für Ihr Kind«, und so weiter. Solche Ranglisten und Bewertungen können eine Orientierungshilfe sein, wenn man sich zuvor zwei Dinge klargemacht hat: Welche Kriterien wurden angelegt, um etwas als »besser« oder »schlechter« einzuordnen, und wie weit entsprechen diese Kriterien den eigenen Wünschen. Genau das kann jedoch ein Betroffener oder dessen Begleiter nicht wissen, weil sie aufgrund der Einzigartigkeit der Situation und der tiefen Erschütterung erst im Laufe der Zeit herausfinden, was hilft und was nicht. Das heißt, die Auswahl aus den Angeboten kann keine »vernünftige« sein, sondern sie bleibt zutiefst subjektiv. Mit der Zeit findet man es heraus. So wie man spürt, wie sich Trauer und Schmerz verändern. Trauerzeiten sind Zeiten, in denen man sich selbst neu kennen lernt.

Wer macht den ersten Schritt?

Oft ist es gerade für ältere Menschen schwierig, in einer Trauersituation überhaupt Hilfe anzunehmen oder in Anspruch zu nehmen. Die Beschäftigung mit dem eigenen Leid wird als unberechtigt empfunden, als würde man sich zu wichtig nehmen, obwohl es anderen vielleicht »noch viel schlechter geht«. Als gäbe es einen Vergleich oder ein Maß, nach dem beurteilt werden dürfte, welcher Verlust wie viel wiegt und wie viel Trauer ihm angemessen ist. Der Verlust eines Kindes rangierte auf Platz 1, der Tod eines jungen Familienvaters auf Platz 2, und schließlich der Tod im hohen Alter ganz am Ende. Das ist Unsinn. Trauer ist nicht vergleichbar, und jeder hat das Recht auf sein eigenes Maß an schmerzlichen Gefühle, ohne sie relativieren zu müssen.

Trauerbegleitung ist eine Krücke, eine Geh-Hilfe, die Menschen stützt – sie kann ihnen den Schmerz nicht abnehmen, doch sie kann ihnen bei jedem Schritt auf dem langen Weg Halt geben. Es fällt vielen Trauernden oft schwer, den ersten Schritt zu machen und auf andere zuzugehen, um Unterstützung zu bekommen. In einem solchen Fall müssen andere diesen Schritt machen und nicht abwarten nach der Devise: »Sie wird sich schon melden, wenn sie etwas braucht – angeboten habe ich es ihr ja vor zwei Wochen auf der Beerdigung.« Die wenigsten werden von sich aus aktiv, sie wollen niemandem zur Last fallen, mit ihrem Leid allein sein. Auch für viele Beratungsangebote gilt heute die Regel, dass der Betroffene in der Verantwortung steht, den ersten Schritt zu machen. Für manche Angebote ist das vollkommen richtig – die Motivation zur Veränderung kann bei einem Süchtigen beispielsweise nur aus dem Wunsch entstehen, sich von der Sucht zu befreien. Und ohne diesen Wunsch laufen Beratungen ins Leere; für die dort verfügbaren Antworten und Lösungen fehlt die Frage.

Das kann für Trauernde nicht gelten, es kann nicht erwartet werden. Daher gilt es, im Umgang mit Trauernden eine sehr feine Balance zu finden zwischen Angeboten und angemessenem, auch wiederholtem Zugehen auf den Menschen und dem Respekt vor seinem Wunsch nach Rückzug, der Ablehnung von Hilfe. Erfahrungsgemäß sind Trauernde erst in einem späteren Stadium ihrer Trauerzeit in der Lage, sich aktiv nach außen zu wenden und den Wunsch nach Hilfe oder Begleitung zu äußern.

Berufsvorbereitung für Trauerbegleiter

Für Menschen, die in ihrem Berufsalltag mit Trauernden in Kontakt kommen, sollten entsprechende Seminare ein selbstverständlicher Bestandteil der Ausbildung sein. Das gilt nicht nur für die direkt betroffenen Berufsgruppen wie Mitarbeiter in Pflegeeinrichtungen, Krankenhäusern, Kirchengemeinden. Es sollte auch zu einem Bestandteil der Allgemeinbildung werden, beispielsweise an Berufsschulen für soziale

Berufe, die ein sehr weites Spektrum umfassen. Trauerphasen haben, wie schon erwähnt, viel mit Krisen- und Verlusterfahrungen anderer Art gemeinsam, und sie erfordern ein Verständnis dafür, was in Menschen vorgeht und wie man damit umgeht. Alle Menschen werden früher oder später mit dem Tod von Angehörigen konfrontiert. Wer sich nie damit beschäftigt hat, wer nicht weiß, was das auslösen kann, vergibt die Chance zu lernen, wie man »Erste Hilfe« leisten kann, die tatsächlich hilft – anstatt mit Floskeln und Ratschlägen die Situation zu verschlimmern. Er vergibt auch die Chance, von Trauernden und Menschen, die eine Krise durchleben, zu lernen, welche Kräfte sich aus dem Leid entwickeln können.

Der Tod kommt immer unerwartet.
Über Selbstverständlichkeiten und Tabus

Wenn der Tod einen anderen Platz im Leben und in der Gesellschaft erhalten soll, gehören Themen wie Tod und Trauer dorthin, wo wir junge Menschen auf »das Leben« vorbereiten: an die Schulen. Es hat lange gedauert, bis sich die Gestalter von Lehrplänen dazu durchgerungen haben, schon Kindern im Grundschulalter zu vermitteln, wie Kinder entstehen. Es ist noch nicht allzu lange her, dass Wirtschaftsthemen an allgemeinbildenden Schulen so gut wie nicht vorkamen. Was ein »business plan« ist, wie der Aktienmarkt funktioniert, was Unternehmertum bedeutet und wie Unternehmen organisiert sind, galt als weniger relevanter Ausschnitt der Wirklichkeit. Auch das ändert sich seit einigen Jahren, nicht zuletzt dank der Kooperation von Unternehmen und Schulen. Was spricht dagegen, mit jungen Menschen über Sterben, Tod und Trauer zu sprechen – auch ohne einen konkreten, tragischen Anlass? Ich erlebe oft, dass gerade Kinder einen unbefangeneren Umgang mit diesen Themen haben als es Erwachsene vermuten und ihnen zutrauen.

Die Angst, im Umgang mit Sterbenden und Trauernden zu versagen, die Angst etwas falsch zu machen, ist kein guter Grund, sich aus der

Verantwortung zu ziehen. Wer im Angesicht von Trauer, Tod und Leid nur auf und davon läuft, wird von seiner eigenen Angst eingeholt.

Es mag wie eine Utopie klingen, aber ich wünsche mir, dass sich die Diskussion um Alter, Tod und Trauer in weite Bereiche der Gesellschaft fortsetzt und dass es bald eine Generation gibt, die über Leben und Sterben so selbstverständlich spricht wie heute über das Kinderkriegen. Ich wünsche mir, dass Trauernde sich nicht mehr in ihrem Leid verstecken müssen, nicht mehr isoliert werden, als wäre der Tod eine ansteckende Krankheit, sondern Aufmerksamkeit, Akzeptanz und Unterstützung erfahren. Ich wünsche mir, dass Tod und Trauer nicht als »schwarzes Loch« begriffen werden, um das man so lange wie möglich einen weiten Bogen macht, sondern als eine lebendige Quelle für Lebensfragen, für das Bewusstsein von der Einmaligkeit eines Menschen, für Werte, die weit in die Gesellschaft hineinwirken.

Trauerarbeit sollte am Sterbe- oder Totenbett beginnen. Je früher, desto besser. Ja, das Leben geht weiter. Immer weiter. Der Satz ist aber nur dann keine Binsenwahrheit, er ist nur dann tröstlich, wenn der Trauernde ihn selbst ausspricht.

16
Individuelle Abschiede

Der Tod hat viele Farben

Ich möchte auf den folgenden Seiten anhand von einigen Beispielen und Geschichten eine Vorstellung davon vermitteln, wie viele Möglichkeiten es gibt, im Umgang mit Tod und Trauer mehr »Buntheit« zu wagen.

Es sind Geschichten, die abweichen von den geraden Wegen, die der Einförmigkeit und Geradlinigkeit eines typisch deutschen Friedhofs, eines typisch deutschen Grabsteins und einer typisch deutschen, zeitgenössischen Trauerfeier etwas entgegensetzen. Sie sind ein Plädoyer dafür, das Denken an den Tod – den eigenen, den der Nächsten – zuzulassen und Abschiede so individuell zu begehen, als wären es Geburtstagsfeiern. Sie sind ein Plädoyer dafür, sich mit Sterben, Tod und Trauer anders zu befassen, als es im Fernsehen der Normalfall ist – der Tod als Feind, der uns jederzeit aus dem Hinterhalt anfällt und niederstreckt.

Dieses Kapitel ist wie eine Einladung zu einer Reise: Was würden wir in unserem Koffer mitnehmen auf die letzte Reise? Wie stellen wir uns den Abschied vor, was wäre ein Abschied, der wirklich zu uns und zu unserem Leben passt?

Einige der Beispiele und Geschichten werden den Lesern meiner früheren Bücher bekannt vorkommen. Sie mögen hier als Anregung verstanden werden, wie man die letzte Reise und »das letzte Hemd« bunt färben kann, und sie mögen als Denkanstöße, die jedem Einzelnen helfen, herauszufinden, wie er mit Tod, Trauer und Abschied umgehen möchte.

Fünf Tage Abschied

Sechsunddreißig Stunden steht uns der Gesetzgeber im Allgemeinen zu, um uns zu Hause von einem verstorbenen Angehörigen zu verabschieden. Warum gerade sechsunddreißig? Diese Frage wird wohl niemand beantworten können. Der Prozess der Zersetzung, des Verfalls, hält sich jedenfalls nicht an die Vorgaben der Bestattungsgesetze. Während der ersten drei Tage werden Veränderungen sichtbar (die Haut wird blass, die Wangen fallen ein, die Totenstarre tritt ein), die unumstößlich und ganz natürlich zu unserem Dasein gehören. Wird der Tote in einem kühlen Raum aufbewahrt, halten sich die fremden Gerüche, die durch Gärungs- und Fäulnisprozesse im Körper entstehen, in Grenzen. Mir sind Fälle bekannt, in denen Verstorbene über eine Woche im Kreise der Trauernden verblieben sind – eben so lange, bis die Familie bereit war loszulassen, den Toten zur letzten Ruhe zu betten.

Darf Jürgen Fliege seine tote Mutter fünf Tage bei sich in der Wohnung behalten? Schauriger Skandal oder notwendiger Tabubruch? Hat sich der TV-Pfarrer da nicht ein bisschen viel Zeit gelassen, um von seiner Mutter Abschied zu nehmen?

Um etwas so Unfassbares wie den Tod zu begreifen, braucht man Zeit und man braucht einen Raum, in den man sich zurückziehen kann. Warum darf dieser Trauerraum kein Raum in der eigenen Wohnung oder im eigenen Haus sein – wo man gemeinsam gelebt, geliebt und vielleicht auch gelitten hat? Es gibt keinen Ort, der uns vertrauter wäre als die eigenen vier Wände. Über 80 Prozent der Menschen sterben heutzutage im Krankenhaus. Was soll makaber oder verwerflich daran sein, wenn man den Trauernden die Möglichkeit gibt, in vertrauter Umgebung mit ihrem Verlust fertigzuwerden? Warum das Begreifen und schließlich das Abschiednehmen in eine kalte Friedhofshalle oder den gekachelten Leichenkeller eines Krankenhauses verbannen? Ist an diesen Orten überhaupt ein würdevoller Abschied von einem geliebten Menschen möglich? Ich behaupte: Nein, denn Trauer ist eine besondere Form der Liebe, Trauer braucht, genau wie Liebe, Vertrautheit. Und was könnte uns vertrauter sein als das eigene Zuhause?

Das eigene Hemd

Das letzte Hemd hat keine Taschen. So spricht der Volksmund und zwar immer dann, wenn es einmal wieder Zeit wird für eine Erklärung dafür, dass man sein Geld gerade mit vollen Händen zum Fenster hinauswirft. Bedenkt man, was ein Totenhemd bei Bestattern häufig kostet, steckt in dem Halbsatz vom Geld und dem Fenster jede Menge Ironie. Totenhemden sind teuer und dienen eigentlich nur einem Zweck: Sie sollen den Hinterbliebenen Gelegenheit gegeben, dem Toten posthum ihre Wertschätzung und ihre Liebe zu beweisen. Manchmal dienen sie aber auch nur der Beschwichtigung des eigenen schlechten Gewissens. Sollten Wertschätzung und Liebe und natürlich auch das schlechte Gewissen nicht besser im Leben ihren Platz haben?

Das Totenhemd wurde, wie alles, was mit Sterben und Tod zu tun hat, an den Rand unserer Gesellschaft gedrängt. Wohl kaum jemand stellt sich heute zu Lebzeiten die Frage nach dem eigenen, ganz persönlichen letzten Hemd. Ist ein Mensch dann gestorben, sind die Angehörigen in ihrer Trauer und ihrem Schmerz häufig überfordert und überlassen die Kleiderordnung für die letzte Ruhe dem Bestattungsunternehmer. Von schlicht bis extravagant – das Angebot ist vielfältig. Ob goldbestickt oder mit Rüschen verziert, in unserer konsumorientierten Gesellschaft gibt es nichts, was es nicht gibt. Nicht selten werden Hunderte von Euro für ein Totenhemd hingeblättert.

Den Trauernden, die zu mir kommen, rate ich, den Verstorbenen in seinen vertrauten Kleidern zu beerdigen. Wenn man sich als Angehöriger die Zeit nimmt, sich vor den Kleiderschrank des verlorenen Menschen zu stellen, und in Ruhe überlegt: »In welchen Kleidern hat sie oder er sich wohlgefühlt – in welchen Kleidern hatten wir vielleicht sogar gemeinsam schöne Momente?«, dann ist dies eine ganz persönliche Sache und auch ein Stück geleistete Trauerarbeit für den Hinterbliebenen.

Wäre es nicht ein faszinierender Gedanke, sich, wie es in früheren Jahrhunderten üblich war und in manchen Gegenden Osteuropas auch heute noch ist, sein Totenhemd selbst zu nähen und es im Schrank mit der normalen Wäsche aufzubewahren, sozusagen als lebenslanges Memento mori?

Ein Fest für Horst

Der 9. Mai 2001 war ein Montag. Am Sonntagabend klagte Horst über Schmerzen und Schwindel, er hatte Schweißausbrüche. Seine Mutter brachte ihn in die Klinik. Es vergingen keine zwölf Stunden, bis sie einen Anruf erhielt: Den Ärzten war es nicht gelungen, eine innere Blutung zu stillen, multiples Organversagen. Horst war tot. Er wurde 37 Jahre alt.

»Es gibt nichts Schlimmeres als einem Kind ins Grab zu schauen«, sagten die Verwandten vom Land bei der Beerdigung zu Horsts Mutter. Seine Freunde, sein Bruder, die Familie, alle waren sie da. Keiner konnte es fassen. Zwei Jahre zuvor war die Mutter Witwe geworden, und nun würde der Steinmetz unter den Namen ihres Mannes den ihres Sohnes auf dem Grabstein eingravieren. Damals hatten sie die Trauergäste nach der Beerdigung zum »Leichenschmaus« eingeladen, wie es bis heute heißt. Doch diesmal war es anders. Sie hätte nicht sagen können, warum, sie wollte nach der Beerdigung keine ähnliche Feier, sie wollte für Horst etwas anderes. Sie wollte eine wirkliche Feier, in ihrem eigenen Garten, mit Kuchen und ohne das Schweigen. Horst bekam ein Sommerfest, etwa drei Monate später. Sie stellten Tische im Garten auf, sie backten Kuchen, und die Mutter hatte alle eingeladen, die sie mochte und die Horst gemocht hatten. Sie saßen in der Sonne, niemand starrte schweigend auf den Sarg, sie plauderten und sie tauschten Erinnerungen an Horst aus, und es wurde viel gelacht.

Die drei Monate, die seit der Bestattung vergangen waren, hatten die Trauer-Feier zu einer Feier werden lassen. Ohne Feierlichkeit.

Kann man das so machen? Man kann. Es gibt eine Vorschrift dafür, wie lange ein Verstorbener aufbewahrt werden darf bis zur Bestattung. Es gibt jedoch keine Vorschrift dafür, wie viel Zeit zwischen einer Bestattung und einer Trauerfeier vergehen darf.

Reisebegleiter

Lollo war lang und rot-weiß gestreift. Eine Mischung zwischen Puppe, Kissen und Hampelmann, mit ein paar Schnüren als Haare und Frotteefüßen, auf denen man herumkauen konnte. Lollo begleitete Felix in den Kindergarten, sogar als er schon größer war und wusste, dass Puppen »für Mädchen« sind. Lollo war mit ihm im Krankenhaus und Lollo saß noch auf dem Schrank, als darin längst keine Feuerwehrautos mehr aufbewahrt wurden, sondern Fußballtrikots. Von der Ente, von den Löwen und sogar von dem großen Eisbären würde er sich trennen, er würde sie verschenken oder eines Tages einfach vergessen. Aber nicht Lollo. Sie würde er mitnehmen eines Tages, auf seine letzte Reise, sie würde ihn begleiten und mit verblichenem, tausendmal geknülltem und gestreicheltem Stoff neben ihm liegen.

Was spräche dagegen? Schon vor Jahrhunderten gab man verstorbenen Kindern ein Spielzeug mit ins Grab, und in fast allen alten Kulturen waren Grabbeigaben die Regel, nicht die Ausnahme. Ägypter, Römer, Hethiter, Skythen – kein altes Kulturvolk wäre auf die Idee gekommen, Verstorbene ohne Grabbeigaben auf die letzte Reise zu schicken. Im Grab des Bogenschützen von Stonehenge (2300 v. Chr.) wurden rund hundert Gegenstände gefunden. Darunter waren goldene Haarspangen, Kupfermesser, Pfeilspitzen und Töpferware. In einem Grab aus der Eisenzeit in Offenbach-Bieber wurde ein Mädchen mit einem Knochenkamm, Amuletten aus Muscheln und Glasperlen sowie einer eisernen Schere bestattet. Grabbeigaben sind Zeugnisse der Zeit, sie spiegeln den Totenkult, den Glauben oder auch Aberglauben, das Leben und seine Bedingungen sowie die Entwicklung der Gesellschaft wider.

Die meisten Bestatter verkaufen lieber Totenhemden, als den Trauernden zu raten, sich über die Auswahl von Lieblingskleidung und Grabbeigaben, die dem Verstorbenen im Leben wichtig waren, mit dem Tod des geliebten Menschen auseinanderzusetzen.

Als meine Mutter starb, sie war eine alte Bäuerin, zogen wir ihr als erstes die Sachen an, die sie besonders gern getragen hatte. Dann legten wir ihr das Plumeau und den Bettbezug in den Sarg. Wir gaben ihr all die Dinge mit, die ihr im Leben etwas bedeutet und ihr Spaß gemacht hatten. Meine Mutter hatte einen »grünen Daumen«, sie brauchte nur einen Stock in die Erde zu stecken, und schon begann er zu blühen. Also gaben wir ihr alle Blumen des Bauerngartens mit, aber nicht nur die Blumen, sondern auch die dazugehörigen Samentütchen mit der Beschreibung des Samens, ihr Gartenhäckchen, ihre Gartenzeitung und ihre Gartenschürze. Und da meine Mutter gerne Shrimp-Cocktails gegessen hatte, fügte ich ihren Grabbeigaben am letzten Tag noch eine kleine Dose davon bei.

In der Auswahl und dem Hineinlegen der letzten Geschenke in den Sarg drückt sich ein Umgang mit Trauer aus, der nichts mit der Ex-und-hopp-Mentalität unserer Gesellschaft zu tun hat. Die Handlung gibt uns Gelegenheit, noch einmal darüber nachzudenken, was im Leben des oder der Verstorbenen wichtig war: Was hat er/sie gerne gegessen, was hat er/sie gerne angezogen, was hatte er/sie für Hobbys? Die Symbole dafür, meist ganz einfache Dinge, werden in den Sarg gelegt. Mit großer Wirkung.

Trauer bedeutet auch, sich selbst den Unterschied zwischen Tod und Leben klarzumachen, zu erfahren, was es heißt, zu leben und zu akzeptieren, dass unser Leben begrenzt und darum etwas sehr Kostbares ist. Trauer dient nicht zuletzt als ein Andenken an den Verstorbenen, an seine ganz eigene Art und Weise durch das Leben zu gehen.

Wäre das nicht eine schöne Nachricht an die, die nach uns kommen und sich von unseren Gräbern etwas über unsere Kultur erzählen lassen möchten?

Sarg- und Grabbeigaben sind eine Geste, die auch heute erlaubt ist. Allerdings dürfen es nur Gegenstände sein, die sich zersetzen – Handy und MP3-Player zählen also nicht dazu, ebenso wenig wie eine CD mit den Lieblingsfilmen oder -songs. Zu den idealen Begleitern zählt das, was wir selbst mit Botschaften gestalten – Briefe, Bilder, ein Foto. Dieses »Mitgeben« kann ein Ausdruck sein, der den Abschied, das Loslassen sinnlich erfahrbar macht. So wie wir etwas von dem Verstorbenen »als Andenken« an ihn zurückbehalten wollen, so wollen wir ihm auch etwas von uns mitgeben.

Ahnengalerie

Sie kennen das: Ein Kollege, der gerade Vater geworden ist, hält Ihnen das Handy unter die Nase, auf dessen Display ein rosiges Gesicht ohne Haare, dafür aber mit verkniffenen Augen zu sehen ist. »Wie süß! Unglaublich, wie hübsch die Kleine ist«, lügen Sie, denn die Einzigartigkeit ist für Außenstehende nicht einmal ansatzweise zu erkennen. Die Babybilder sehen sich so ähnlich wie die Handys, auf denen sie gespeichert sind. Doch diese Bilder haben Bedeutung, sie sind einmalig, ebenso unwiederholbar wie das, was man mit dem Kind erlebt.

Früher waren es nicht die Kinderbilder, sondern (in gehobenen Kreisen jedenfalls) die Porträts der Ahnen, mit denen man das Haus schmückte. Das ist selten geworden. Wer hebt heute noch Bilder, Fotografien, Zeugnisse, Briefe seiner Großeltern oder sogar Urgroßeltern auf? Und doch könnte es kein besseres und einfacheres Memento mori geben als die Erinnerungsstücke jener, die vor uns waren.

Ein Stein als Skulptur

Grabsteine aus grauem, braunem oder schwarzem Marmor, poliert und mit geschwungener Oberkante. Stein für Stein aufgestellt in Reih und Glied. Der Volksmund spricht: »Ordnung ist das halbe Leben«, und Bestatter, Friedhofsgärtner und Verwaltungsbeamte finden, dass das auch im Tod so sein sollte. Wie starr und unbeweglich das System ist, fällt immer dann auf, wenn tatsächlich einmal etwas anderes als ein genormtes Grab verlangt wird. Häufig geschieht das, wenn jemand aus einem anderen Kulturkreis auf einem deutschen Friedhof bestattet werden soll.

Linda Kobayashi, Angestellte eines großen Elektronikkonzerns, trauerte um ihren verstorbenen Vater. Kaito Kobayashi war Anfang der 1970er Jahren aus dem japanischen Kamakura nach Deutschland gekommen. Als Buddhist hatte er sich schon zu Lebzeiten intensiv mit seinem eigenen Tod beschäftigt. Er hatte eine klare Vorstellung davon, wie sein Grabstein aussehen sollte: gestapelte Steinblöcke, etwa doppelt so hoch wie ein handelsüblicher Stein.

Als Linda Kobayashi den Wunsch ihres Vaters erfüllen wollte, stieß sie auf den Widerstand der örtlichen Friedhofsverwaltung. Der Grabstein sei ja eigentlich kein Stein, sondern eine Skulptur. Das ginge nicht. Die Skulptur sei außerdem zu groß, überschreite die maximal zugelassene Höhe. Das ginge nicht. Und zu guter Letzt: Die Grabfläche müsse zu 80 Prozent mit Bodendeckern bepflanzt werden, wofür der Grundriss der Skulptur keinen Platz ließe. Das ginge sowieso nicht.

Es wäre schön, wenn wir uns von den Steinwüsten solcher Friedhöfe, auf denen jegliche Kreativität von Konformismus erstickt wird, verabschieden würden. Jeder Mensch ist einzigartig. Leider ist davon bei einem Spaziergang über die meisten Friedhöfe nicht viel zu spüren.

Linda Kobayashi konnte den Wunsch ihres Vaters schließlich doch noch erfüllen. Sie ließ ihn einäschern und fand für die Urne einen Friedhof, der den Grabstein, der eigentlich eine Skulptur war, zuließ. Heute kann sie ein Grab besuchen, das sehr viel über ihren Vater, seinen Glauben und sein Herkunftsland Japan erzählt. Ein Land, in dem sie noch nie war, dem sie sich aber am Grab ihres Vaters etwas näher fühlt.

Fußball für immer

»Mama, kann ich den haben?« Der Junge zeigt mit dem Finger auf die Auslage eines Düsseldorfer Bestattungshauses. Rechts, neben vasenartigen Gefäßen, ist ein Fußball für 698 Euro ausgestellt. Eine Urne. Geht das zu weit? Geht das in Ordnung?

Als erster deutscher Profi-Verein bietet der Hamburger Sportverein einen eigenen Friedhof für seine Fans, mit allem Drum und Dran. Bestattungen im HSV-Sarg, begleitet von der Stadionhymne. *Die Zeit* berichtete am 16. April 2009, als die Bauarbeiten auf dem Altonaer Friedhof in Hamburg nach zweijähriger Planungsphase begannen, über das Projekt. »Ich bin zutiefst davon überzeugt, dass das etwas Gutes wird«, äußerte sich Lars Rehder, Geschäftsmann, Friedhofsgärtner und Mitglied im Vorstand des Bundes- und Landesverbandes der Friedhofsgärtner. Er kümmert sich um die Öffentlichkeitsarbeit und die Friedhofsgenossenschaft Hamburg. Ein Fußballtor bildet den Eingang zu dem Fan-Friedhof; die Gräber sind im Halbrund angeordnet wie eine Tribüne. Ein Platz für 25 Jahre kostet rund 2500 Euro, alle Grab- und Friedhofskosten inklusive.

In Argentinien können sich die Fans von Boca Juniors schon lange auf einem eigenen Friedhof bestatten lassen, in England darf die Asche auf dem Rasen des Heimatvereins verstreut werden.

Das Konzept scheint vor allem Jugendliche anzusprechen. »Eine großartige Sache«, kommentierte der Fanbeauftragte des HSV. Für Sarg, Urnen und weitere Bestattungsgegenstände hat der HSV Lizenzen an Bestattungsinstitute vergeben. Sie werben mit der Themenbestattung »Schlusspfiff« oder gewähren HSV-Mitgliedern einen Rabatt von zehn Prozent. Sie bieten Stoffdekorationen im HSV-Design, verschiedene Kondolenzdecken und weitere Optionen für die Gestaltung der Bestattung und der Trauerfeier.

Digitale Ewigkeit

Was aus unseren materiellen Werten wird, können wir im Testament bestimmen, ansonsten greifen die geltenden Nachlassregelungen. Aber was wird aus den vielen Homepages, den Facebook- und Twitter-Accounts von Verstorbenen? In den USA gibt es inzwischen das Berufsbild des digitalen Bestatters, der sich um das digitale Erbe einer verstorbenen Person kümmern. Dort kann man Passwörter und Anweisungen hinterlegen und bestimmen, was im Todesfall gelöscht werden und was erhalten bleiben soll. Zwei Vertrauenspersonen müssen bestätigen, dass ein Mensch gestorben ist, dann beginnt die digitale Bestattung. Es ist sogar möglich, selbst sicherzustellen, dass man im Netz kein Nachleben als Untoter führt. Dazu vereinbart man mit einem Provider ein Passwort, das man in bestimmten Abständen eingeben muss. Bleibt es aus, wird das Programm gestartet, dass sämtliche persönlichen Accounts des Kunden löscht. Twitter und Facebook bieten Hinterbliebenen Hilfe beim Löschen der Profile an; einige Betreiber sozialer Netzwerke setzen nicht auf Standardverfahren, sondern überlassen es den rechtlichen Erben, nach Vorlage der Sterbeurkunde zu entscheiden, was aus dem Account werden soll.

Die neuen Medien werfen neue Fragen auf. Auch Fragen danach, wie Erinnerung sich verändert und was Unsterblichkeit heißt: ein Fotoalbum anzulegen, Erinnerung zu sammeln, eine Art lebendiger digitaler Gedenkstätte einzurichten.

Der letzte Tag – und ein Koffer

Es ist eine Übung, die sich, wie der berühmte Fragebogen des Marcel Proust, für eine Annäherung an die eigenen Wünsche und Werte eignet. »Was würden Sie tun, wenn Sie wüssten, dass Ihr Leben in 24 Stunden endet?«, fragte das Magazin *Cicero* in jeder Ausgabe eine prominente Persönlichkeit. Geantwortet haben unter anderem Harry Rowohlt, Ursula von der Leyen, Anselm Grün, Arend Oetker und Kathrin Schmidt, die für ihren Roman *Du stirbst nicht* mit dem Deutschen Buchpreis 2010 ausgezeichnet wurde. Sie schloss mit dem Tod gewissermaßen schon einmal Bekanntschaft, als sie nach einer schweren Krankheit neu laufen, sprechen und sich orientieren lernen musste. Sie wünschte sich einen starken schwarzen Kaffee am Morgen, sie wünschte sich, ihre fünf Kinder um sich zu versammeln und am Ende Bachs Cello-Suite Nr. 2 auf der Terrasse ihres Hauses zu hören. Wir müssen nicht prominent sein oder auf einen Anruf der *Cicero*-Redaktion warten. Was würden wir uns wünschen? Oder mitnehmen?

»Ein Koffer für die letzte Reise« war ein Projekt, bei dem wir im Jahr 2005 insgesamt 103 Bürger aus allen Teilen des Landes – Frauen, Männer, Künstler, Handwerker, Prominente und Nicht-Prominente – gebeten hatten, einen Koffer mit dem zu füllen, was sie auf der Reise aus ihrem Leben begleiten sollte. Was ist den Menschen wirklich wichtig? Das Ergebnis, das Philipp Engel in seinem Film *Einmal Jenseits und zurück* vorgestellt hat, zeigt ein faszinierendes Bild davon, was Menschen bewegt, wenn sie sich mit Endlichkeit und Vergänglichkeit befassen.

Manche Koffer, wie der von Franz Alt, waren vollkommen leer: »Dem Tod sollten wir keine Vorschriften machen. Er ist und bleibt ein großes Geheimnis. Deshalb hab ich Ihnen den Koffer so zurückgesandt, wie Sie ihn mir gesandt haben. Wer glaubt, etwas mitnehmen zu können, wird sich wahrscheinlich wundern«, schrieb er dazu. Der Koffer, den uns Manfred Becker-Huberti, zum damaligen Zeitpunkt Pressesprecher des Erzbistums Köln, zurückschickte, enthielt nur einen Rosenkranz; der Landschaftsarchitekt Alexander Nix wiederum hatte zwölf Äpfel in seinen Koffer gepackt und dies mit den Worten kommentiert: »Mitnehmen kann man nichts – hinterlassen kann man viel.«

Ein handbemalter Sarg

Wenn Angehörige eine Erdbestattung wählen, steht der Sarg ganz oben auf der Liste der Entscheidungen: Welches Modell, welche Ausführung soll es ein? Wie soll, wie darf der Verstorbene gebettet werden? Welche Farben, welches Material, mit Verzierungen oder ohne? Die Auswahl bei den meisten meiner Kollegen ist beeindruckend groß; die Kriterien für die Entscheidung beschränken sich dagegen oft auf einen einzigen Punkt, nämlich den Preis. Dieser ist wichtig, denn nach ihm bemisst sich, was der Verstorbene (vor allem auch in den Augen der Trauergemeinde) seinen Angehörigen »wert« gewesen ist. Oder?

Alfred Opiolka fertigt Schreine auf Bestellung an. Einzelstücke, Unikate, maßgeschneidert wie (manche) Hochzeitskleider. Inzwischen bietet er Betroffenen auch in Zusammenarbeit mit Trauerbegleitern an, Särge selbst zu bemalen: »Vielleicht den eigenen oder den für die kranke Oma im Altenheim oder für einen in absehbarer Zeit sterbenden lieben Menschen. Diese Arbeit an einem richtigen Sarg ist eine Art ›Vortrauerarbeit‹«, erzählt er. Mit der Arbeit am eigenen Sarg können Grenzen erkundet werden, die wir alleine niemals erreichen: »Es ist nur die eigene Vorstellung, die Kraft unserer eigenen Gedanken und unsere eigene Fantasie, die es uns leicht oder schwierig erscheinen lassen, an einem Sarg zu malen. Stellen Sie sich doch einmal vor, wie es wäre, in einem meiner Kurse an Ihrem eigenen Schrein zu arbeiten, ihn zu bemalen, zu verschönern, Symbole anzubringen, die Ihnen wichtig sind, vielleicht Worte zu schreiben, die noch gesagt werden sollten ... Und das alles immer im Bewusstsein, dass es sich um Ihren eigenen Sarg handelt, in den nach Ihrem Sterben Ihr Körper gebettet wird.«

Für den Kunstmaler ist Grün die am besten zum Tod passende Farbe, und er erklärt auch, warum: »Üblicherweise ist in unserer Kultur Schwarz die Farbe des Todes. Ich glaube, dass Schwarz die Farbe der Trauer ist. Um in mich zu gehen, mich zurückzuziehen, ist Schwarz sehr wohl geeignet. Bei der Trauer nach einem Todesfall geht es in erster Linie um mich. Das ist auch gut und wichtig – aber erst, nachdem ich den Verstorbenen auf seinem letzten Weg begleitet habe. ... Würden wir in dieser Situation erkennen, dass wir nicht etwas verlieren, sondern dass für denjenigen, der da gerade verstorben ist, etwas ganz Neues anfängt nach dem leiblich gebundenen, irdischen Dasein, dann wäre es einleuchtend, dass die Farbe des Todes eigentlich Grün sein müsste! Grün steht für den Frühling, den Neubeginn nach der Winterstarre; Grün steht für die Hoffnung und die Zuversicht! Somit wäre es meiner Ansicht nach passender und hilfreicher, während dieser Zeit der Wegbegleitung möglichst viel Grün zu tragen und den Sterbenden / Verstorbenen in Grün zu betten. Meine Vision ist auch das grüne Bestattungsinstitut mit grünen Autos und Personal in grünen Kleidern.«

Darf man erleichtert sein, wenn jemand stirbt?

Claudia Höges (21) erlebte hautnah, wie ihre 83-jährige Großmutter Paula immer mehr »abbaute«. Anfangs war es eine mittelschwere Demenz. Claudia besuchte ihre Großmutter regelmäßig nach der Uni und kümmerte sich um sie. Paula wurde immer schwächer und konnte nicht mehr allein aus dem Bett aufstehen oder zur Toilette gehen. Sie weigerte sich, Essen oder Trinken zu sich zu nehmen, und verschlief den ganzen Tag. Mehr als einmal sagte Paula: »Lass mich hier einfach liegen und sterben.« Nach einem halben Jahr der intensiven Pflege und der fortschreitenden Altersschwäche kam die ganze Familie noch einmal zusammen, um Paulas Geburtstag zu feiern. Es war ein sehr trauriger Geburtstag, Paula war kaum mehr ansprechbar. Zwei Wochen später erlitt sie einen Schlaganfall und musste ins Krankenhaus eingeliefert werden. Sie war halbseitig gelähmt und konnte kaum noch sprechen. Die Ärzte bereiteten die Familie auf den nahenden Tod der Großmutter vor: »Es sieht nicht gut für sie aus.« Die Familie holte Paula nach Hause. Drei Wochen später wurde sie von ihren Leiden erlöst und starb zu Hause in ihrem Bett.

Wie viele Angehörige, die einen geliebten Menschen über eine lange Zeit pflegen, lebt Claudia nach dem Tod ihrer Großmutter im Zwiespalt. Sie trauert um Paula. Aber sie fühlt auch Erleichterung, und dieses Gefühl der Erleichterung verunsichert sie: »Darf ich denken, endlich ist es vorbei? Darf ich so empfinden?«

Claudia leidet unter diesen Gedanken, möchte aber mit ihrer Familie nicht darüber reden. Sie hat Angst, dass ihre Familie sie nicht versteht.

In der Trauer gibt es viele Gefühle. Traurigkeit, Einsamkeit, Hilflosigkeit, Erschütterung, Schock. Sogar Wut, Zorn und Hass. Und eben auch Erleichterung. Wenn man einen Menschen liebt, leidet man mit ihm, wenn eine schwere Krankheit voranschreitet. Wenn das Leiden sehr lange dauert, ist das nicht nur für den todkranken Menschen eine Bürde. Auch die pflegenden Angehörigen tragen schwer an der Last. Da ist das Mitgefühl, das Mitleiden. Manchmal über Jahre hinweg.

Für einen Schwerkranken kann der Tod eine Erlösung sein. Viele alte und kranke Menschen wünschen sich ihren Tod herbei. Für die Angehörigen ist das schon vor dem eigentlichen Tod ein Abschied auf Raten. Sie beobachten die Krankheit und wissen nie, wie lange der geliebte Mensch noch lebt oder wann der befürchtete Anruf kommt. Mit dem Tod des Kranken ist diese Ungewissheit vorbei, es ist eingetreten, wovor sich Angehörige so lange gefürchtet haben. Auch das kann eine Erlösung sein.

Da ist es durchaus verständlich, wenn sich Erleichterung in die Trauer mischt.

Claudia trifft sich nach dem Tod ihrer Großmutter mit ihrer besten Freundin Ulrike und erzählt von ihren Gefühlen, von der Scham wegen ihrer Erleichterung über den Tod der Großmutter. Ulrike zeigt Verständnis, ihr ging es genauso, als ihr Großvater nach langer Krankheit starb. Sie machte sich genau die gleichen Gedanken wie Claudia, aber sie erkannte mit der Zeit, dass Erleichterung und Trauer sich nicht gegenseitig ausschließen. Sie fühlte beides, und das war für sie irgendwann in Ordnung. Das Gespräch mit der Freundin hilft Claudia, es macht ihr Mut, alle Gefühle zuzulassen, auch die Erleichterung. Denn Erleichterung ist genauso normal wie die Traurigkeit, die einen übermannt, wenn ein geliebter Mensch stirbt.

Wenn Kinder trauern

Marianne war vier Jahre alt, als ein älterer Mann aus ihrer Nachbarschaft starb. Sie kannte ihn nur als den »krummen Friedrich«, der in dem Haus mit dem katzenkopfgepflasterten Hof wohnte. Als Friedrich starb, wurde er in der kleinen Scheune aufgebahrt, mit offenem Tor zum Hof hin. Mariannes Oma Ria nahm sie bei der Hand und ging mit ihr zum Abschiednehmen.

Damals, vor 25 Jahren, gab es noch eine Gemeindeschwester. Schwester Lucana stand in ihrer Tracht am Kopfende des Sarges und las Gebete und Abschiedsworte aus einem schwarzen Buch. Der ganze Ort erwies Friedrich die letzte Ehre: Angehörige, Freunde und Nachbarn.

Marianne stand dicht bei ihrer Großmutter, unsicher, weil ihr die Situation fremd war. Leise fragte sie: »Oma, was macht der Mann da? Warum schläft er in der Scheune?« Die Großmutter flüsterte: »Er schläft nicht, er ist gestorben.« Später erklärte sie ihrer Enkelin, dass die Seele von Friedrich jetzt bestimmt im Himmel sei und sein Körper nicht mehr lebe und nun beerdigt werde. Daran war nichts Befremdliches, nichts Traumatisches. Es war einfach so.

Heute ist Marianne eine erwachsene Frau, wohnt in einem modernen Mehrfamilienhaus in Wipperfürth und hat einen fünfjährigen Sohn. Eines Tages passiert es: Die alte Dame, die unterm Dach des großen Mehrfamilienhauses wohnt, stürzt im Treppenhaus und wird ins Krankenhaus gebracht. Mike bekommt nicht mit, wie die Sanitäter »Oma Oben« abholen. Er weiß nur, dass sie auf einmal nicht mehr da ist. Marianne erklärt ihrem Sohn, dass die alte Dame aus der Dachwohnung auch nicht mehr wiederkommt. Sie war alt und krank und ist im Krankenhaus gestorben.

»Wo ist sie jetzt?«, will Mike wissen. »Im Himmel, ganz bestimmt«, antwortet Marianne. Damit ist Mikes Frage aber nicht beantwortet, er will wissen, ob er sie dort besuchen kann wie in ihrer Wohnung unterm Dach, wo er nach dem Kindergarten oft heißen Kakao mit ihr getrunken hat. Marianne erinnert sich an ihre erste Begegnung mit einem Toten. Früher war es ganz normal, dass Kinder mit Verstorbenen in Kontakt kamen. Es gehörte zum Leben. Heute sterben die meisten Menschen im Krankenhaus oder im Pflegeheim. Nur selten nimmt dann die ganze Familie Abschied. Auch wenn der Tote im eigenen Haus liegt, in vertrauter Umgebung gestorben ist, dürfen Kinder oft nicht selbst Abschied nehmen.

Kinder sollten die Chance haben zu begreifen, dass ihr Opa oder ihre Oma gestorben ist und nicht mehr aufwacht. Es gibt keine Altersbegrenzung für den Umgang mit dem Tod. Jeder Mensch ist in der Lage, die Erfahrung eines Verlusts zuzulassen. Ich kann Eltern nur raten, Kindern die Begegnung mit Verstorbenen zuzumuten. Die Eltern müssen damit rechnen, dass Kinder mit der Situation anders umgehen, als sie erwarten. Sie trauern anders: Ein zweijähriges Kind krabbelt womöglich durch den Saal oder fährt mit seinem Dreirädchen um den Sarg herum. Ein vier- oder fünfjähriges Kind versucht vielleicht, dem Opa Wärme einzustreicheln und erkennt, dass er tot ist. Es versteht dann, was Tod ist.

Ein siebenjähriges Kind weint und schreit, zeigt seine Gefühle und dreht sich im nächsten Moment möglicherweise um, wischt sich die Tränen aus dem Gesicht und will ein Eis haben.

Selbstverständlich sollen Kinder nicht traumatisiert werden, indem man ihnen beispielsweise den Anblick verstümmelter Unfallopfer zumutet. Aber dass der Tod zum Leben gehört und etwas Natürliches ist, das können auch Kinder schon begreifen. Im Gegensatz zu uns rationalen Erwachsenen kommen Kinder damit sogar erstaunlich gut klar.

17
Traueralltag am Arbeitsplatz

Funktionieren um jeden Preis

Unruhe in der Firma. Andy Schubert, Art Director einer großen Werbeagentur, ist am Morgen nicht zum Meeting erschienen. Der Kunde ist sauer und der Auftrag in Gefahr. Sein Boss Werner Herweg schnappt sich das nächstbeste Telefon und ruft bei den Schuberts an. Plötzlich wird der Chef nachdenklich, sein Ärger weicht stiller Anteilnahme: Andy Schubert ist tot. Ums Leben gekommen bei einem Verkehrsunfall auf der A5 auf dem Weg in die Agentur.

Eine halbe Stunde später haben die Bildschirmschoner die Herrschaft in der zweiten Etage übernommen. Niemand kann jetzt arbeiten. Fassungslos stehen die Kollegen in den Fluren, Sätze wie: »Das kann doch nicht sein, ich hab doch noch mit ihm telefoniert«, schwirren durch offene Bürotüren an einsam klingelnden Telefonen vorbei.

Jedes Jahr gibt es beinahe eine Million Sterbefälle in Deutschland. Das bedeutet beinahe eine Million Mal trauernde Angehörige, unter denen natürlich auch viele Mitarbeiter und Kollegen in irgendeiner Firma sind. Zwei Tage Sonderurlaub werden nächsten Angehörigen in der Regel gewährt, dann hat man wieder voll funktionsfähig am Arbeitsplatz zu erscheinen. Aber wer kann schon in zwei Tagen den Schock über den Verlust eines geliebten Menschen verarbeiten und zur Tagesordnung übergehen? Im Büro ist für Privates nur wenig Raum. Trauer am Arbeitsplatz zuzulassen, offen mit dem Verlust umzugehen, auch wenn man vermeintlich Schwäche zeigt, wäre eine Alternative zur stummen Ignoranz, mit der Trauerfällen im Berufsalltag häufig begegnet wird.

Kehren wir noch einmal zur Agentur und Andy Schubert zurück.

Die Personalabteilung verfasst eine Todesanzeige für die örtliche Zeitung, jemand geht durch die Büros und sammelt Geld für einen Kranz. »Letzte Grüße, deine Firma«. Es gibt vielleicht einen Aushang am schwarzen Brett. Für die Beerdigung werden die Kollegen ein paar Stunden freigestellt. Das war's?

Das ist Andys Chef nicht genug. Werner Herweg will nach dem Tod von Andy Schubert nicht einfach zur Tagesordnung übergehen, er will seinen Mitarbeitern in diesen schweren Wochen zeigen, dass sie mehr sind als Namensschilder an Bürotüren, die sich nach Belieben austauschen lassen. Herweg legt im Empfangsbereich der Firma ein Kondolenzbuch aus, in dem sich schon nach kurzer Zeit die Seiten füllen. Oft steht da einfach nur: »Ich denke an dich. Du fehlst uns.« Der Chef selbst schreibt ein ganzes Dossier hinein, in dem er die Verdienste des Kollegen für die Firma würdigt, aber auch seine Macken, seinen Humor, seine Sensibilität und Freundlichkeit erwähnt. Dann lässt Werner Herweg auf dem schmalen Grünstreifen, der das Gebäude vom Parkplatz trennt, eine Birke pflanzen.

Mittlerweile sind zwei Jahre vergangen. Wenn die Mitarbeiter der Agentur heute an der jungen Birke vorbeikommen, deren Blätter in der Sonne leuchten, werden sie nicht nur an Andy Schubert erinnert. Sie werden auch daran erinnert, dass hinter ihrem toughen, erfolgshungrigen Chef ein Mensch steckt, der Gefühle zulässt und für den seine Untergebenen nicht nur funktionierende Mitarbeiter sind.

Die gemeinsame Trauer um Andy Schubert hat bewirkt, dass die Abteilung von Werner Herweg enger zusammengerückt ist. In der Agentur gilt sie als eingeschworener Haufen, das kleine »gallische Dorf« in der zweiten Etage. Das hätte Andy gefallen.

Verantwortung der Unternehmen – auch im eigenen Interesse

Im Schnitt ist jeder zehnte Mitarbeiter in einem Unternehmen von Trauer betroffen: Bei einer durchschnittlichen Sterblichkeitsrate von einem Prozent der Bevölkerung jährlich sind mindestens fünf Prozent der Mitarbeiter akut betroffene Angehörige ersten Grades, das heißt Kinder oder Eltern jüngst Verstorbener. Rechnet man Betroffene anderer Verlustsituationen hinzu und berücksichtigt man die Dauer von Trauerprozessen, ergeben sich durchschnittlich über zehn Prozent akut betroffener Mitarbeiter des Unternehmens.

In vielen Unternehmen hat sich die Einsicht durchgesetzt, dass Menschen mit Kindern ein anderes Leben führen als ihre kinderlosen Kollegen; sie müssen häufiger auch kurzfristig freigestellt werden, sie können nicht jederzeit erreichbar sein. Auch darüber, wie die Pflege von Angehörigen besser mit den Anforderungen der Arbeitswelt zu vereinbaren wäre, wird heute diskutiert. Bei Trauer- und Todesfällen fehlt dieses Bewusstsein meist noch. Um es an einem Beispiel zu illustrieren: Wie für Hochzeiten oder Umzüge wird auch für eine Bestattung zwei Tage Sonderurlaub gewährt – aber nur dann, wenn es sich bei dem Verstorbenen um einen Verwandten ersten Grades handelt oder um einen Ehepartner. Wenn man dagegen seinen Lebensgefährten, mit dem man vielleicht schon Jahre zusammen ist, zur Beerdigung seines Vaters begleiten möchte, ist dafür kein Urlaub vorgesehen. In diesem Fall ist man den guten Willen seines Vorgesetzten angewiesen.

In einer Zeit, in der psychische Störungen und Erkrankungen für mehr als die Hälfte aller Fehltage verantwortlich zu machen sind, stehen auch Unternehmen in der Verantwortung – in ihrem eigenem Interesse: Angesichts veränderter Altersstrukturen in den Belegschaften und den bereits spürbaren Lücken auf dem Arbeitsmarkt gewinnen betriebliche Gesundheitsmanagementprogramme an Bedeutung.

Deutschland ist in dieser Hinsicht noch immer ein Entwicklungsland. Zwar investieren heute knapp die Hälfte der in Deutschland ansässigen Großkonzerne systematisch in die Gesundheit und Leistungsfähigkeit ihrer Mitarbeiter, doch bei den mittelständischen Unternehmen sind dies nur weniger als fünf Prozent. Oft haben Unternehmensleitungen erkannt, dass sie auf dem Gebiet der betrieblichen Gesundheitsvorsorge in der Verantwortung sind, wissen deshalb aber noch lange nicht, was sie tun und welche Wirkung sie damit erzielen können.

Laut einer Studie des Marktforschungsinstituts EuPD ist jeder zweite Manager überlastet. Nur ein Drittel der gesundheitsbedingten Produktivitätsverluste entsteht durch Fehlzeiten; zwei Drittel durch eingeschränkt arbeitsfähige Mitarbeiter am Arbeitsplatz. Dazu zählen auch Mitarbeiter, die trauern oder Verlusterfahrungen bewältigen müssen – und zusätzlich an ihrem Arbeitsplatz unter dem Druck stehen, den Anschein von Normalität und Leistungsfähigkeit zu wahren. Sie müssen ihre Trauer zu Hause lassen und geraten dadurch in eine doppelte Belastungssituation. »Die seelische Befindlichkeit eines Menschen beeinflusst massiv die Qualität seiner geistigen Arbeit«, stellt Bernhard Badura, Professor für betriebliches Gesundheitsmanagement an der Universität Bielefeld, anlässlich der Vergabe des »Corporate Health Award« 2011 fest und fordert eine »Schule der Emotionen« für Führungskräfte.

Bislang bietet lediglich jedes fünfte Großunternehmen seinen Beschäftigten auch eine psychologische Beratung an – dies ist angesichts der massiven Zunahme psychisch bedingter Beeinträchtigungen wenig. Dass solche Programme keine Sonntagsveranstaltungen sind, sondern sich betriebswirtschaftlich rechnen, lässt sich an zahlreichen Beispielen belegen.

18

Fazit – Der Tod gehört ins Leben

Der Tod ist uns zum Feind geworden, den wir aus dem Leben verdrängen. Wir begreifen Altern und Sterben als medizinisch-technische Herausforderung, die es möglichst lange hinauszuzögern gilt. Aus der Alltagserfahrung haben wir die Schnittstellen zwischen Leben und Tod in abgesonderte Räume und Institutionen verlagert. Dort wird gekämpft, versorgt und verloren. Gestorben wird im Krankenhaus, Hospiz oder Pflegeheim.

Was bleibt, ist ein kurzer und kalter Abschied: Ein letzter Blick in die gekachelten Räume von Kliniken. Viele Menschen kennen den Tod nur noch aus dem Fernsehen. Dort wird jeden Abend reihenweise gestorben, und es hat nichts mit uns zu tun. Wir wissen weniger denn je, was Sterben und Tod – für uns – bedeuten. Vom richtigen, echten Tod können wir uns kaum noch eine Vorstellung machen. Wir haben verlernt, dass Tod und Trauer, Leiden und Sterben zum Leben dazu gehören. Diese Ausgrenzung des Todes setzt sich in der Verbergung der Toten fort. Die häusliche Aufbahrung ist selten geworden, bestattet wird heute bevorzugt »im kleinen Kreis«, und so preiswert, wie es eben geht. Wir verweigern uns damit einer realen und persönlichen, einer sinnlichen Erfahrung des Abschiednehmens, die am Anfang eines Trauerprozesses steht. Trauer gilt weniger denn je als gesunder, notwendiger und auszulebender Prozess.

Tod und Trauer sind zum Problem geworden. Und das ist eine gute Ausgangsbasis, um unser Verhältnis zu Tod und Trauer zu erneuern und eine »Wiederaneignung« zu fördern. Das ist, zunächst, eine persönliche und individuelle Aufgabe.

»Warum soll ich mich mitten im Leben mit Tod und Trauer befassen?« Die Frage nach dem Warum stellt sich aus einer Haltung heraus, die Leben und Tod als Gegensätze begreift und das Ende allein als Endpunkt. Doch Endlichkeit, Abschied und Trauer sind im Leben jederzeit präsent. Niemand kennt den Tag, an dem ihn oder einen nahestehenden Menschen Krankheit oder Tod begegnet, jeder wird in der einen oder anderen Form Verlusterfahrungen verkraften müssen, die einen Lebensabschnitt unwiederbringlich beenden. Je mehr wir (wieder) vertraut werden mit der Endlichkeit des Lebens, die auch eine Endlichkeit von Bindungen zu anderen bedeutet, desto mehr gewinnen die »großen Fragen« – nach Sinn und Werten im individuellen Leben – an Bedeutung und Orientierung.

Je früher wir anfangen hinzuschauen, desto besser. Der Tod gehört zum Leben. Nur wenn wir ihn als Tatsache akzeptieren, können wir ein sinnvolles und erfülltes Leben führen. Die Tatsache, dass wir alle sterben, muss keineswegs einen dunklen Schatten auf das Leben werfen. Im Gegenteil. Sie kann eine Befreiung sein. Die Generation der sogenannten »Babyboomer«, der ab den 50er Jahren geborenen, hat den Wertewandel von Konformität, Autorität und Disziplin hin zu den persönlichen Werten Freiheit, Individualität und Selbstverantwortung gefordert und vorgelebt. »Jeder ist seines Glückes Schmied.« heißt die Parole der individualisierten Moderne, und »Jeder ist seines Unglückes Schmied« lautet die logische Konsequenz. Trauern, etwas intensiv durchleben und bearbeiten, ist mit Leid, Ohnmacht und Kontrollverlust verbunden. Durch den Tod eines Angehörigen sind wir mit etwas konfrontiert, das wir nicht beeinflussen konnten.

Diesen Werten gilt es auch dort Geltung zu verschaffen, wo Professionalisierung und Medikalisierung den Blick verstellen. Niemand darf uns vorschreiben, wie wir unsere Kinder zu erziehen und unsere Ehe zu führen haben, welchen Beruf wir wählen sollen oder wie wir unsere Geburtstagsfeier begehen. Noch in der Generation unserer Eltern und Großeltern waren die Konventionen und Rahmen weitaus enger gesetzt, und der Preis für individuelle Abweichungen hoch. Das hat sich, zum Glück, geändert.

Wenn wir unser Verhältnis zu Sterben, Tod und Trauer korrigieren wollen, müssen viele Kräfte mobilisiert werden. Ich wünsche mir, dass immer mehr Menschen ihr Unbehagen an einer von Behörden verordneten und starren Gesetzen geregelten Sterbe- und Trauerkultur in Deutschland übersetzen in einen zivilen Ungehorsam: sich die Sterbenden und Toten nicht enteignen lassen, Tod und Trauer nicht in Expertenräume abschieben, sondern ihren eigenen persönlichen Standpunkt bestimmen und so handeln, dass die Einzigartigkeit des Menschen auch im persönlichen Abschied und in seinem persönlichen Erinnerungsort Ausdruck findet.

Wir können nicht einfach neue Normen aufstellen und Forderungen erheben. Vielmehr müssen Gesetzgeber, Kommunen und Unternehmen die Freiräume erweitern, die eine individuelle Erfahrung und Gestaltung von Trauer brauchen. Wenn es das Ziel ist, den Umgang mit den Toten zurück zu holen ins erfahrbare, individuelle Alltagsleben, dann sind auch diejenigen gefordert, die als »Experten« dem Einzelnen so viele Entscheidungen abnehmen und es damit ermöglichen, dass Angehörige sich in der Rolle des Zuschauers einrichten und nur noch aus einem vorgegebenen, vorhandenen Angebot auswählen müssen: den grauen oder schwarzen Stein, das Hemd mit Spitzen oder ohne, den Eichensarg oder die günstige Version in Fichte. Schreibt man uns nicht vor, unsere Toten wie Sondermüll möglichst schnell zu entsorgen? Auch die meisten Bestatter drängen zu einer schnellen Lösung des »Problems«.

Doch jeder Mensch ist unverwechselbar. Er hat deshalb ein Recht darauf, auch am Ende seines Lebens, im Tod und in der Erinnerung, diese Einzigartigkeit zu behalten. Für einen solch individuellen Abschied, für eine individuelle Erinnerung, können nur diejenigen aktiv sorgen, die diesen Menschen kannten, für die er mehr als ein Name, ein Patient, ein Sterbefall, ein Bestattungsauftrag ist. Sie können dafür sorgen, dass die Professionalisierung am Lebensende nicht dazu führt, dass der eigene Tod und der eigene Abschied zu einer fremden Erfahrung werden.

Ich möchte, dass wir uns von den Steinwüsten verabschieden, von Konformismus und Anonymität. Was, glauben Sie, werden in 500 Jahren unsere Gräber über uns aussagen? Ich behaupte, man wird dann allenfalls einen Zettel vorfinden, auf dem steht: »Wir waren hygienisch einwandfrei und gesetzestreu!« Dass ausgerechnet die Generation der Individualisten, die vom Aufbruch der 68er profitierte, davon, dass damals viele Freiheiten der Lebensgestaltung erkämpft wurden, die heute als Selbstverständlichkeit gelten – dass ausgerechnet diese Generation am Lebensende eine Entpersönlichung bis hin zur Anonymisierung in namenlosen Urnenfeldern akzeptiert, ist paradox.

Seit den 70er Jahren prägen nicht nur die fortschreitende Individualisierung und Liberalisierung, die eine Vielfalt parallel existierender Lebensstile, -milieus und -kulturen hervorbrachte, die Gesellschaft. In diesem halben Jahrhundert haben sich, den ökonomischen und technischen Entwicklungen folgend, auch Erwartungen, Ansprüche und Werte verändert. Verlusterfahrungen, Leiden und Erschöpfung sind, ähnlich wie Sterben und Trauer, von Lebenserfahrungen, die es anzunehmen gilt, zu Krankheiten umgedeutet worden, die es zu kurieren gilt.

Wer wäre heute noch bereit, ein altersbedingtes Nachlassen des Seh- oder Hörvermögens, Falten und müde Knochen als »normale« Erscheinungen, Erfahrungen des siebten oder achten Lebensjahrzehnts zu akzeptieren, anstatt sie als behandlungsbedürftige Krankheiten zu betrachten? Die weit verbreitete Gesundheitsreligion, die wie alle Religionen Gemäßigte und Fundamentalisten in ihren Reihen hat, lebt vom Anspruch eines vollkommenen, möglichst ewigen Wohlbefindens. »Gesundheit« ist aber nichts Absolutes: Niemand ist je vollkommen gesund.

Was für den körperlichen Idealzustand gilt, an dem sich die Ansprüche messen, gilt auch für die gewandelten Erwartungen an den psychischen Idealzustand: positiv gestimmt, leistungsfähig, zukunfts- und handlungsorientiert, unternehmerisch denkend, flexibel, mobil und vor allem jederzeit bereit, Bindungen wie Projekte zu beginnen und genauso schnell zu beenden. Glück, so wird uns überall versprochen, ist machbar und Erfolg ebenso, beides ist nur eine Frage der Leistung. Was davon abweicht, wird ausgeblendet, wer dazu nicht passt, ausgegrenzt. Das gilt für Trauerphasen, es gilt ebenso für Menschen am Lebensende.

Dass eine solche Idealvorstellung spätestens dann ihren individuellen Preis fordert, wenn sie zeitweise oder auch auf Dauer nicht mehr erfüllt werden kann, belegt die rapide Zunahme psychischer Erkrankungen, deren große Bandbreite von Symptomen unter die beiden neuen »Volkskrankheiten« Depression und Burn-out rubriziert werden. Viele Studien belegen, dass sich Angst und Stress unmittelbar auf das Immunsystem auswirken.

Es ist keineswegs nur das Nachdenken über den Tod (den eigenen wie den der anderen), der ein Nachdenken in Gang setzen kann über den Umgang mit menschlichen Grenzen, mit Endlichkeit und Leiden von Körper und Seele. Man kann die alarmierende Zahl der Menschen, die an den steigenden Anforderungen von Arbeitswelt und Lebensführung scheitern, auch so deuten: als Preis einer Verdrängung, als eine Angst vor den Grenzen, die mentale und physische Kräfte den eigenen Ansprüchen und äußeren Anforderungen an unsere Leistungsfähigkeit setzen. Wer mit Leiden oder Kontrollverlust konfrontiert wird, steht als Verlierer da. Wir sind gewohnt, alles im Griff zu haben, und uns an Experten zu halten, die alles im Griff zu haben scheinen. Hilflos stehen wir dann vor einer Situation, die wir nicht beherrschen können.

Der Moment, in dem es gelingt, den Tod als Teil des Lebens zu akzeptieren, ist daher auch ein Moment der Befreiung von unendlichen, uneinlösbaren Ansprüchen an Glück, Gelingen, Perfektion und Leidensfreiheit. Eine der wichtigsten Erfahrungen, die wir in der Auseinandersetzung mit dem Tod machen können, ist ein veränderter Blick auf das Leben. Menschen, die in schweren Krisen ihren Mut bewahren und bereit sind, ihren eigenen Vorstellungen zu folgen, bleiben die Handelnden. Sie verfügen über eine Fähigkeit, die ihnen ermöglicht, das Leben mit allen Unvorhersehbarkeiten, mit seiner Endlichkeit und seiner Unplanbarkeit anzunehmen und so Freiheit zu gewinnen: nicht in der Vorstellung ewiger Kontrolle, sondern in der Sicherheit, angesichts auch einer leidvollen Situation die eigene Souveränität zu erhalten.

Als Robinson Crusoe Schiffbruch erlitt und auf die einsame Insel verschlagen wurde, rettete ihm ein Trick das Leben: Er nahm Stift und Papier, die er aus dem gesunkenen Schiff retten konnte, und machte zwei Listen. Auf die eine schrieb er, was an seiner Situation schlecht war, auf die andere das, worüber er glücklich sein konnte. *Schlecht:* ich bin auf einer einsamen Insel, ohne Hoffnung, je gerettet zu werden. *Gut:* Ich bin noch am Leben und nicht ertrunken wie all meine Kameraden. *Schlecht:* Ich habe keine Kleider, mich zu bedecken. *Gut:* Ich lebe in einem heißen Landstrich, wo ich kaum Kleider tragen müsste, selbst wenn ich welche hätte. Und so weiter. Dann beschloss er, die unabänderlichen Dinge zu akzeptieren, bewusst los zu lassen. »Von nun an begann ich zu folgern, dass es mir möglich ist, mich in meiner verlassenen Lage glücklicher zu fühlen, als es vermutlich in irgendeinem anderen Zustand der Erde je der Fall gewesen wäre.« Robinson Crusoe zeichnet aus, dass er in einer objektiv ausweglosen Situation seinen Verlust anerkannte und so der Handelnde blieb.

In dem Bild von Trauer, das viele haben, ist die eigene Perspektive ausschließlich negativ. Doch Trauer ist eine Kraft, und Betroffene sind oft über sich selbst erstaunt, wenn sie in der Zeit nach dem Verlust Kräfte in sich entdecken, von denen sie nichts geahnt hatten: Energie, Kreativität, Lebenswille, Durchsetzungsfähigkeit. Diese Stärke scheint dem zu widersprechen, was von Trauernden erwartet wird; doch sie ist die notwendige, dem Leben zugewandte Seite, ohne die wir schwere Krisen und Verluste nicht überwinden könnten.

Trauer ist eine Form der Liebe, eine intensive Hinwendung zu einem anderen Menschen. Wir trauern nur intensiv um Menschen, die uns etwas bedeutet haben, zu denen wir eine Bindung eingegangen sind. Und wie Liebe ist Trauer keine passive, sondern eine aktive Haltung, ein Tun. Wir brauchen eine Sterbe- und Trauerkultur, die Trauernde nicht isoliert, sondern integriert und so auch den Umgang mit Verlusterfahrungen neu lernt. Früher war Trauer eine Sache der Gemeinschaft. Unsere Gesellschaft hat bestimmte Vorstellungen davon, wie Trauer auszusehen hat, wie mit Verlusterfahrungen umzugehen ist. Aber Trauer lässt sich nicht in Normen pressen. Jeder Mensch erlebt sie auf seine ganz eigene Art und in seiner eigenen Zeitstruktur. Trauer benötigt den Freiraum für persönliches Handeln, und sie braucht eine Gemeinschaft, die dies respektiert und fördert. Durch den Tod eines vertrauten Menschen verändert sich für Trauernde vieles in den äußeren Lebensumständen, aber vor allem anderen verändern Trauernde sich selbst. Trauer ist eine Energie, die Veränderungen schafft. Sie stellt radikal in Frage, was vorher gegolten hat, sie verändert Einstellungen und Gefühle zu anderen Menschen, die eigene Ansprüche und Lebenspläne.

Heute wagen es viele nicht, ihre Gefühle offen auszudrücken. Sie ziehen sich zurück, übersetzen ihre Unsicherheit in Distanz: Dem einen Verlust folgen oft weitere, beispielsweise der Verlust von Kontakt mit Kollegen, Nachbarn oder Freunden. Dabei verdient die Bewältigung des Leids, das der Tod eines Angehörigen verursacht, alle Unterstützung, allen Respekt für den trauernden Menschen. Dieser Respekt bedeutet konkret, Tränen, Verzweiflung, Wutausbrüche zuzulassen und den »Ausnahmezustand« auszuhalten. Das wohl Wichtigste, was wir mit unseren Ängsten und Leiden machen können, ist, sie mit einem anderen Menschen zu teilen. Deshalb ist für Trauernde die Anwesenheit und Anteilnahme anderer Menschen so wichtig. Den oder die Verstorbene bringt nichts zurück. Aber die anderen, mit denen es auch Verbindungen, Gespräche, eine gemeinsame Welt gibt, sind noch da.

Die Angst, sich mit dem Tod zu beschäftigen, ist Teil einer Kultur, die Leiden und Sterben, Abschied und Verluste, Tod und Begrenzungen des Lebens mit allen Mitteln bekämpft und dort, wo sie erscheinen, so weit wie möglich den eigenen Blicken und Erfahrungen entzieht. Wenn wir beginnen, uns bewusst gegen die Enteignung des Todes und der Toten zu wehren, verbessert sich die Lebensqualität. Der Mut zum Anderssein, zur Verweigerung der Routinen und vorgefertigten Rituale des Gedenkens schafft einen Hauch von Anarchie und er stärkt die Autonomie des Nicht-Experten – was in einer von Experten geprägten Gesellschaft eine Seltenheit geworden ist: der Mut, den eigenen Sinnes-Erfahrungen und den Wertvorstellungen zu folgen. Gerade im Angesicht der Ohnmacht kann jede Form der eigenen, aktiven Handlung ein Gefühl dafür vermitteln, dass etwas zu gestalten bleibt.

Der Tod begrenzt das Leben: Nur durch den Tod wird die Lebenszeit, die uns zur Verfügung steht, zu etwas Kostbarem. Jede ernsthafte Auseinandersetzung mit den Themen Sterben, Tod und Trauer stellt die großen Lebensfragen: Wofür lebe ich eigentlich? Wer bin ich? Was will ich aus meinem individuellen Leben machen? Jede Begegnung mit dem Tod, jede schwere Krise, bricht wie eine Lawine in den Alltag ein und hält den gewohnten Lauf des Lebens an. Dieses Anhalten versetzt in die Lage, das eigene Leben aus der Adlerperspektive zu betrachten: Sind das die Prioritäten, die ich setzen will, die Werte, die mir wichtig sind? Mache ich wirklich das, was ich will, oder das, was andere wollen?

Wie gut der Tod als Abschluss des Lebens akzeptiert werden kann, hängt von dem Leben ab, das wir führen. Wenn viele sich heute wünschen, vom Tod möglichst im Schlaf überrascht zu werden, am besten gar nicht dabei zu sein, dann mag dies auch ein Hinweis darauf sein, dass damit die letzten Antworten auf die großen Fragen des Lebens, die »Wahrheit auf dem Totenbett«, unnötig sind. Wer sich keinem Glauben verbunden fühlt, steht vor der Aufgabe, die Frage nach dem Lebenssinn für sich zu beantworten. Als Summe der Werte und Ziele, die bestimmen, wie wir leben. Die Antwort auf die Frage, ob wir »richtig« oder »falsch« gelebt haben, beruht auf dem, was wir für wertvoll erachten und wo wir unseren Sinn finden. Es gibt, für viele jedenfalls, keine äußere Instanz, keine Institution mehr, die auf diese Fragen eine Antwort geben könnte. Das ist die tiefe Lücke, die nur noch aus eigener Kraft – und aus eigenem Nachdenken, Erleben und Glauben – geschlossen werden kann.

Wie schwierig dies für den modernen Menschen ist, und weshalb wir das Leben verfehlen, wenn wir den Tod daraus verbannen, hat Tolstoj in seiner kurzen Erzählung *Der Tod des Iwan Iljitsch* dargestellt: Auf das eigene Leben können wir, wie Iwan Iljitsch, notfalls zugunsten der Befolgung von Regeln und vorzeichneten Bahnen verzichten. Auf den eigenen Tod allerdings nicht. Spätestens dort holt sie uns ein, die nichtgelebte Individualität, und mit ihr die Frage, ob ein gelingendes Leben darin besteht, den Anforderungen der Gesellschaft zu genügen: »Vielleicht habe ich auch nicht so gelebt, wie ich sollte?, kam es ihm plötzlich in den Sinn.... Wie wäre es aber möglich, da ich doch alles tat, wie es in der Gesellschaft verlangt wurde, sagte er sich, und dann jagte er sofort diese einzige Lösung des Rätsels vom Leben und vom Tod als etwas ganz Unmögliches von sich fort.«

Der Tod ist nicht nur Ende oder Übergang, Rätsel, Mythos, Angstgegner und Sinnstifter. Er ist vor allem auch der Individualisierer. Im Tod trennt sich die Rolle, die Menschen in der Gesellschaft einnehmen oder die Funktion, die sie am Arbeitsplatz erfüllen, von dem unverwechselbaren, einzigartigen Menschen, der seinen eigenen Weg geht. Wenn der Tod, wenn Sterbe- und Trauerkultur für viele Menschen heute zum Problem geworden sind, ist das eine gute Nachricht: Das Unbehagen an den Konventionen, mit denen wir konfrontiert sind, ist unübersehbar. Es ist der Anfang einer gesellschaftlichen Neubestimmung, wie Sterben, Tod und Trauer in einer hoch individualisierten, pluralisierten Gesellschaft aus dem Schatten in die Mitte der Gesellschaft zurückkehren können.

Dafür ist es höchste Zeit.

Leseempfehlungen

Die Fülle der Buchpublikationen zu Sterben, Tod und Trauer ist, selbst für Experten, kaum noch überschaubar. Die folgende Liste ist daher bewusst sehr knapp gehalten. Sie nennt diejenigen Bücher, die wesentliche Gedanken, die in das vorliegende Buch Eingang gefunden haben, ausführlich darstellen. Dieses Quellen- und Literaturverzeichnis versteht sich zugleich als Empfehlung für weitere Lektüre.

Ariès, Philippe: *Geschichte des Todes.* Deutscher Taschenbuch Verlag (Neuauflage) 1999.

Mehr als 15 Jahre hat der Kulturhistoriker an dieser monumentalen Studie gearbeitet. Ein Klassiker, der die europäische Kulturgeschichte als Geschichte des Todes erzählt.

Bruckner, Pascal: *Verdammt zum Glück. Der Fluch der Moderne*, Aufbau Verlag 2001

Vom Glücksversprechen, das sich in eine Forderung an das Individuum verwandelt, die heute viele überfordert: Des eigenen Glückes Schmied zu sein.

Graf, Friedrich Wilhelm/Heinrich Meier: *Der Tod im Leben. Ein Symposion*, Piper Taschenbuch 2004

Der Band versammelt die Beiträge eines interdisziplinären Symposions. Das Thema »Tod« wird (unter anderem) aus der Sicht der Musikwissenschaft, der Medientheorie, der Architektur und Biologie.

Gronemeyer, Marianne: *Das Leben als letzte Gelegenheit. Sicherheitsbedürfnisse und Zeitknappheit*, Wissenschaftliche Buchgesellschaft 1996

Der sehr lesenswerte Essay zeichnet die Entstehung des modernen Bewusstsein nach – als Antwort auf die Angst vor dem Tod.

Gronemeyer, Reimer: *Sterben in Deutschland. Wie wir dem Tod wieder einen Platz in unserem Leben einräumen können*, Fischer Taschenbuch Verlag 2008

Eine zunehmend »professionalisiserte« Sterbekultur wirft viele gesellschaftliche Fragen auf, für die es noch kaum Antworten gibt. Eine kritische Perspektive.

Lütz, Manfred: *Lebenslust. Wider die Diät-Sadisten, den Gesundheitswahn und den Fitnesskult*, Pattloch-Verlag 2002

Die Sorge um die Figur hat die Sorge um das Seelenheil abgelöst, so die Ausgangsthese des Buches, das erstaunliche Parallelen zwischen Religion und Fitnesskult findet.

Paul, Chris: *Wie kann ich mit meiner Trauer leben? Ein Begleitbuch*, Gütersloher Verlagshaus 2001

Aus ihrer langjährigen Erfahrung in der Trauerbegleitung beschreibt Chris Paul, was Trauernden hilft und wie wir lernen können, mit Trauernden umzugehen.

De Ridder, Michael: *Wie wollen wir sterben? Ein ärztliches Plädoyer für eine neue Sterbekultur in Zeiten der Hochleistungsmedizin*, Deutsche Verlags Anstalt 2010

In erster Linie sind es Ärzte, die mit den Fragen um »würdiges Sterben« und Sterbekultur ringen. Michael de Ridder fordert ein neues Selbstverständnis ärztlichen Handelns.

Sörries, Rainer: *Ruhe sanft. Kulturgeschichte des Friedhofs*, Butzon und Bercker 2009

Friedhöfe sind Zeugen der Geschichte. An ihrem Wandel ist ablesbar, wie unterschiedliche frühere und heutige Generationen mit Tod und Erinnerung leben.

Sprenger, Reinhard: *Aufstand des Individuums. Warum wir Führung komplett neu denken müssen*. Campus Verlag 2000

Dieses und weitere Bücher von Reinhard Sprenger beschreiben die Widersprüche zwischen dem Anspruch auf Individualität und dem bis heute (leider) weit verbreiteten Grundannahmen des Managements.

Terzani, Tiziano: *Das Ende ist mein Anfang. Ein Vater, ein Sohn und die große Reise des Leben* , Goldmann Verlag 2008.

Die Geschichte von Tiziano Terzani gibt einen Eindruck davon, was ein Annehmen des eigenen Sterbens – im guten Sinne – bedeutet: das dankbare Ende einer Reise.

Tolstoj, Leo: *Der Tod des Iwan Iljitsch*. Erzählung, Insel Verlag 2002

In den drei Tagen vor seinem Tod erkennt Iwan Iljitsch, dass er zwar den Regeln der Gesellschaft und ihren Ansprüchen genügt, dabei aber sein Leben verfehlt hat.

Violet, Lydie/Marie Desplechin: *Das Leben wagen. Vom Umgang mit einer unheilbaren Krankheit*, Berlin Verlag 2006

Ein bewegendes Zeugnis der Kraft, die aus der bewussten Auseinandersetzung mit dem eigenen Tod, entspringt.

In einen Reihe früherer Veröffentlichungen finden sich einzelne Gedanken des Buches und weiterführende Hinweise für einen individuellen Umgang mit Tod und Trauer:

Roth, Fritz/Sabine Bode: *Der Trauer eine Heimat geben. Für einen lebendigen Umgang mit dem Tod*, Bastei-Lübbe 2008

Roth, Fritz/Sabine Bode: *Trauer ist Liebe. Was menschliche Trauer wirklich braucht*, Gütersloher Verlagshaus 2006

Roth, Fritz: *Einmal Jenseits und zurück. Ein Koffer für die letzte Reise*, Gütersloher Verlagshaus 2006

Roth, Fritz/Georg Schwikart: *Nimm den Tod persönlich. Anregungen für einen individuellen Abschied*, Gütersloher Verlagshaus

Roth, Fritz/Sabine Bode: *Trauer hat viele Farben*, Bastei-Lübbe 2009

Roth, Fritz/Jürgen Fliege: *Lebendige Trauer. Dem Tod bewusst begegnen*, Ehrenwirth Verlag 2002

Roth, Fritz/Sabine Bode: *Wenn die Wiege leer bleibt. Hilfe für trauernde Eltern*, Bastei-Lübbe 2002

Weitere Quellen und Artikel

Die folgenden Quellen- und Literaturangaben aus Zeitschriften und Online-Publikationen sind zur weiteren Lektüre empfohlen:

Achternhold, Gunda, »*Krisen können stark machen – aber wie?*«, Frankfurter Allgemeine Hochschulanzeiger, 20.3.2006

Albrecht, Harro, »*Dem Gewissen folgen*«, www.zeit.de, 26.5.2011

Albrecht, Harro, »*Sterben und Helfen*«, www.zeit.de, 26.5.2011

Assheuer, Thomas, »*Atemlos*«, www.zeit.de 26.01.2006

Assmann, Jan, »*Totenrituale*«, Lettre 72/2006

Berg, Sibylle, »*Wie soll ich leben, wenn meine Liebe stirbt?*«, spiegel-online, 19.3.2011

Borchardt, Alexandra, »*Burn-out: Der nächste Zusammenbruch kommt bestimmt*«, www.sueddeutsche.de, 19.7.2011

De Ridder, Michael, »*Was ist so schlimm am Sterben?*«, Der Spiegel 12/2010

De Ridder, Michael, »*Das Gewissen der Ärzte wird gleichgeschaltet*«, Der Spiegel 20/2011

Dobbert, Steffen, »*Letzte Ruhe mit dem HSV*«, www.zeit.de, 16.4.2009

Fichtner, Ullrich, »*Das Friedhofssterben*«, Der Spiegel 53/2009

Fürstenberg, Werner, (im Gespräch mit Sibylle Haas), »*Viele halten das Tempo nicht mehr aus*«, www.sueddeutsche.de, 19.7.2011

Hähnig, Anne, »*Ich denke, es wird schön*«, Die Zeit vom 16. 6. 2011.

Heinrich, Klaus (im Gespräch mit Jochen Rack), »*Wir und der Tod*«, Lettre 72/2006

Hörr, Susanne, »*Die Verlustreisenden*«, Frankfurter Allgemeine Zeitung, 9. 5. 2010

Klug, Sönke, »*Gestylt ins Grab*«, spiegelonline, 8. 11. 2006

Machowecz, Martin, »*Asche zu Asche*«, Die Zeit vom 21. 01. 2010

Max-Planck-Gesellschaft, »*Zwischen Pietät und Pleite*«, Presseinformation, 17. 11. 2010

Oberhuber, Nadine, »*Die letzte Reise kennt viele Wege*«, Frankfurter Allgemeine Sonntagszeitung, 11. 7. 2010

Schmidt, Kathrin, »*Ich war bereits nah am Tod*«, Cicero 2/2010

Schmitz, Thorsten, »*Unsterblich*«, Süddeutsche Zeitung, 21. 4. 2011

Schnabel, Ulrich, »*Das Überraschende erwarten*«, www. zeit.de 15. 4. 2011

Soehring, Maren, »*Vor allem zuhören*«, www. zeit.de 19. 5. 2010

Spiewak, Martin, »*[Sterbehilfe] Die Rechtslage*«, www. zeit.de, 27. 5. 2010

Stoessinger, Michael, »*Leben nach dem Tod*«, Stern 46/2010

Terpitz, Katrin, »*Zuckerbrot und Peitsche ziehen nicht mehr*«, Handelsblatt, 24. 11. 2010

Thumfart, Johannes, »*Digitale Zombies*«, www. zeit.de, 20. 1. 2011

Barbara L. Fredrickson
Die Macht der guten Gefühle
Wie eine positive Haltung Ihr Leben dauerhaft verändert

2011. 297 Seiten, gebunden
ISBN 978-3-593-39081-9

E-Book:
ISBN 978-3-593-41162-0

»Das Genie der Positiven Psychologie« Martin E. Seligman

Warum werden manche Menschen mit Krisen leichter fertig als andere? Warum werfen Rückschläge die einen aus der Bahn, während andere gestärkt daraus hervorgehen?
Die renommierte Psychologin Barbara Fredrickson enthüllt: Das Geheimnis liegt in der Macht der guten Gefühle. Denn eine echt empfundene positive Lebenseinstellung macht uns stärker, gesünder, kreativer – wenn sie im richtigen Verhältnis zu negativen Emotionen steht. Wer für jedes negative Gefühl dreimal mehr positive Emotionen empfindet, so belegen Fredricksons Studien, hat die ideale Lebenseinstellung für ein gesünderes, erfüllteres und positiveres Leben.

Mehr Informationen unter
www.campus.de
facebook.com/campusverlag
twitter.com/campusverlag

Frankfurt · New York

Hähnig, Anne, »*Ich denke, es wird schön*«, Die Zeit vom 16.6.2011.

Heinrich, Klaus (im Gespräch mit Jochen Rack), »*Wir und der Tod*«, Lettre 72/2006

Hörr, Susanne, »*Die Verlustreisenden*«, Frankfurter Allgemeine Zeitung, 9.5.2010

Klug, Sönke, »*Gestylt ins Grab*«, spiegelonline, 8.11.2006

Machowecz, Martin, »*Asche zu Asche*«, Die Zeit vom 21.01.2010

Max-Planck-Gesellschaft, »*Zwischen Pietät und Pleite*«, Presseinformation, 17.11.2010

Oberhuber, Nadine, »*Die letzte Reise kennt viele Wege*«, Frankfurter Allgemeine Sonntagszeitung, 11.7.2010

Schmidt, Kathrin, »*Ich war bereits nah am Tod*«, Cicero 2/2010

Schmitz, Thorsten, »*Unsterblich*«, Süddeutsche Zeitung, 21.4.2011

Schnabel, Ulrich, »*Das Überraschende erwarten*«, www. zeit.de 15.4.2011

Soehring, Maren, »*Vor allem zuhören*«, www. zeit.de 19.5.2010

Spiewak, Martin, »*[Sterbehilfe] Die Rechtslage*«, www. zeit.de, 27.5.2010

Stoessinger, Michael, »*Leben nach dem Tod*«, Stern 46/2010

Terpitz, Katrin, »*Zuckerbrot und Peitsche ziehen nicht mehr*«, Handelsblatt, 24.11.2010

Thumfart, Johannes, »*Digitale Zombies*«, www. zeit.de, 20.1.2011

Barbara L. Fredrickson
Die Macht der guten Gefühle
Wie eine positive Haltung Ihr Leben
dauerhaft verändert

2011. 297 Seiten, gebunden
ISBN 978-3-593-39081-9

E-Book:
ISBN 978-3-593-41162-0

»Das Genie der Positiven Psychologie« Martin E. Seligman

Warum werden manche Menschen mit Krisen leichter fertig als andere? Warum werfen Rückschläge die einen aus der Bahn, während andere gestärkt daraus hervorgehen?
Die renommierte Psychologin Barbara Fredrickson enthüllt: Das Geheimnis liegt in der Macht der guten Gefühle. Denn eine echt empfundene positive Lebenseinstellung macht uns stärker, gesünder, kreativer – wenn sie im richtigen Verhältnis zu negativen Emotionen steht. Wer für jedes negative Gefühl dreimal mehr positive Emotionen empfindet, so belegen Fredricksons Studien, hat die ideale Lebenseinstellung für ein gesünderes, erfüllteres und positiveres Leben.

Mehr Informationen unter
www.campus.de
facebook.com/campusverlag
twitter.com/campusverlag

Frankfurt · New York

Hermann Scherer
Glückskinder
Warum manche lebenslang
Chancen suchen – und andere
sie täglich nutzen

2011. Ca. 256 Seiten, gebunden
ISBN 978-3-593-39349-0

E-Book:
ISBN 978-3-593-41168-2

Der Fisch springt nicht an den Haken ...

... und das Reh läuft nicht vor die Flinte. Genauso will auch die Chance gejagt sein. Glückskinder wissen das. Statt darauf zu warten, dass ihnen alles Gute einfach in den Schoß fällt, setzen sie ihre Chancenintelligenz ein: die Fähigkeit, Chancen zu erkennen und zu nutzen – und zwar die richtigen! Klingt banal? Warum sind wir dann nicht längst alle Glückskinder? Hermann Scherer erzählt viele Geschichten von Menschen, die Chancen in scheinbar unbedeutenden oder gar ausweglosen Situationen gesehen und ergriffen haben. Und Scherer macht klar, was man über Chancen wissen muss: Sie liegen nie in der Zukunft, sie pfeifen auf Regeln und sie sind so alltäglich wie das Leben!

Mehr Informationen unter
www.campus.de
facebook.com/campusverlag
twitter.com/campusverlag

Frankfurt · New York